Sea Libre del Mitraísmo

Segunda edición

Cómo anular los falsos veredictos del mitraísmo

por

Dr. Ron M. Horner

Sea Libre del Mitraísmo

Segunda edición

Cómo anular los falsos veredictos del mitraísmo

por

Dr. Ron M. Horner

www.CourtsOfHeaven.Net
PO Box 2167
Albemarle, North Carolina 28002

Sea Libre del Mitraísmo – Segunda edicion

Cómo anular los falsos veredictos del mitraísmo

Copyright © 2021 Dr. Ron M. Horner

Los versículos son tomados de la Reina Valera Revisada 1960 © Sociedades Bíblicas Unidas 1960 (A menos que se indique lo contrario).

Las citas bíblicas marcadas con (TPT) están tomadas de The Passion Translation®. Copyright © 2017 por BroadStreet Publishing® Group, LLC. Utilizado con permiso. Todos los derechos reservados.

Todos los derechos reservados. Este libro está protegido por las leyes de derecho de autor de los Estados Unidos de América. No puede ser copiado ni reimpreso para obtener ganancia comercial o beneficios. Se permite y se alienta el uso de citas breves o la copia ocasional de hasta una página para el estudio personal o grupal Se concederá el permiso al realizar una petición.

Cualquier marca registrada o de servicio utilizadas son propiedad de sus dueños respectivos.

Los pedidos de descuentos para la venta al por mayor, los permisos editoriales y el resto de la información, deben dirigirse a:

LifeSpring Publishing
PO Box 2167
Albemarle, NC 28002 USA
www.lifespringpublishing.com

Copias adicionales disponibles en www.courtsofheaven.net

ISBN 13 TP: 978-1-953684-10-3

ISBN 13 eBook: 978-1-953684-11-0

Diseño de Portada por Darian Horner Design (www.darianhorner.com)

Imagen: stock.adobe.com: #129012466, #217324846, 123rf.com: #85834117

Primera Edición: Febrero 2021

10 9 8 7 6 5 4 3 2 1

Impreso en los Estados Unidos de América

Tabla de Contenido

Agradecimientos i
Prefacio iii
Capítulo 1 ¿Qué Sabemos? 1
Capítulo 2 Preparando el escenario 9
Capítulo 3 Primer grado 21
    Corax, el cuervo
Capítulo 4 Segundo grado 35
    Ninfa, Novia masculina
Capítulo 5 Tercer grado 47
    Miles, el soldado
Capítulo 6 Cuarto grado 57
    Leo, el león
Capítulo 7 Quinto grado 69
    Peres/Perseo, el persa
Capítulo 8 Sexto grado 79
    Heliodromo, el corredor del Sol
Capítulo 9 Séptimo grado 89
    Pater, el Padre
Capítulo 10 Oración de Cierre 101
Capítulo 11 Instrucciones finales 105

Capítulo 12 La Corte de Restitución 109

Capítulo 13 Saqueando el campamento del enemigo 115

Capítulo 14 Conclusión 123

Obras citadas 131

Apéndice A... 133

    Una corta explicación de los
espíritus humanos deambulantes................... 133

Un Testimonio... 137

Descripción 141

Sobre el Autor 143

Otros libros escritos por el Dr. Ron M. Horner 145

Agradecimientos

Son muchas las personas que apoyaron con los inicios de este libro y su desarrollo. Mi primer agradecimiento va dirigido a Kay Tolman, quien ha sido la pionera en entender los cautiverios creados a través del mitraísmo, a través de muchos años en su ministerio. Por medio de ella entendí por primera vez lo que verdaderamente era el Culto de Mithras. Gracias Kay.

Luego, quiero agradecer a mi Clase de 2020 de CourtsNet por su trabajo al determinar los falsos veredictos del mitraísmo y por permitir que este curso les "diera una patada en el trasero." Un agradecimiento especial a Janine Villines y a Jeremy Friedman, cuyos aportes ayudaron a acortar el tiempo que me tomó escribir este libro. Así mismo, agradezco a Fran Wipf por su ayuda editorial. Gracias damas y caballeros.

Y, como siempre, gracias a mi amada esposa Adina y a mi muy útil asistente, Darian Horner.

Prefacio

El cuerpo de Cristo está despertando a la realidad de cuan entrelazado ha estado el paganismo con el cristianismo a través de los siglos. Al ser investigadas más de cerca, muchas tradiciones y enseñanzas que aceptamos como parte del cristianismo se tomaron prestadas de religiones paganas. Estos vínculos espirituales a entidades paganas están creando cautiverios innecesarios en el cuerpo de Cristo.

La mayoría de los creyentes desconocen el mitraísmo, por lo que el impacto que éste tiene en sus vidas y la de sus generaciones ha podido obrar sin ser detectado. En una conferencia que asistí en el 2019 se demostró una pista muy simple de cómo el mitraísmo está presente en la genealogía. Cuando Kay Tolman enseñaba, ella notó que el uso repetido de ciertos nombres en su árbol genealógico puede ser indicativo de lealtad histórica a dioses falsos del mitraísmo. En la audiencia, una señora mencionó el nombre de su esposo León, cuyo padre era Leonardo, cuyo abuelo era otra forma de Leo. Varias formas de Leo —el nombre de Leontocephaline— el león del mitraísmo, estaban esparcidos a través del línea generacional de su esposo. Otros nombres asociados con el mitraísmo pueden ser Miles y Pedro en sus diversas formas. El uso repetido de estos nombres, a lo largo de una línea familiar, puede haber comenzado como una forma de homenaje a los diversos dioses asociados; pero con el tiempo, el entendimiento del significado original se perdió para de la familia.

Muchos de nosotros tenemos vínculos con el mitraísmo en algún nivel. A medida que avanza en este libro, permita que el Espíritu Santo resalte cuando usted, a sabiendas o sin saberlo, ha llegado a un acuerdo con esta falsa religión a través de palabras, juramentos, pactos, rituales, tradiciones, o más.

Uno de los propósitos de las Cartas del Tarot es contar la historia del mitraísmo. El canal HBO recientemente desarrolló una serie basada en el mitraísmo. También se pueden encontrar aspectos del mismo en las empresas de televisión y en las películas de Star Trek. Si usted ha tenido alguna experiencia con las Cartas del Tarot, será necesario que se arrepienta de ello.

En la parte posterior del libro, tenemos algunos testimonios que le pueden animar. No pretenda que sus experiencias tienen que ser iguales a las de aquellos que comparten sus testimonios. Su experiencia puede ser similar o puede no serlo, pues como creyentes, hacemos las cosas por fe. Aborde este libro de la misma manera.

Gran parte de este libro se presenta en forma de escenarios judiciales que le permitirán abordar el terreno legal por el cual el mitraísmo afecta su vida.

Antes de que comience los casos en la corte, simplemente háblele a su alma y dígale que tome una posición secundaria. Luego dígale a su espíritu que se active y tome el debido lugar en su ser - que sea el conductor, no el pasajero del carro. Somos seres espirituales con un alma contenida en un cuerpo físico. Nuestro espíritu debe ser el factor predominante de nuestra vida aquí en la tierra. Sin embargo, la mayoría de nosotros nunca aprendió este concepto, y por ende, nuestra alma es la que domina. Al vivir dándole la prioridad al espíritu, dejando al alma en segundo plano, podemos obtener la sanidad y la libertad que su espíritu fue diseñado para impartir en su vida.

Segundo, pida que sus ángeles personales se acerquen y le asistan mientras pasa los escenarios de este libro. Pídales que le protejan en todos sus ámbitos, puertas y puentes mientras trabaja en este proceso. Solicíteles que echen fuera a cualquier intruso y eliminen cualquier escombro espiritual resultante de la actividad en la corte completada a través de este libro.

Comprenda que puede tener varias experiencias mientras trabaja con este libro. Comprométase firmemente a llegar hasta el final. Puede ser necesario dar un descanso a su alma a medida que avanza por cada nivel de grado, ya que habrá muchos cambios en el reino espiritual. Puede que experimente que se rompen las cadenas de su vida o de su línea generacional. Si es así, disfrute de esa libertad. Puede que note que su visión espiritual se está abriendo cada vez más. Puede incluso sentir como si una pesadez se hubiera levantado de encima. Disfrute de estos nuevos niveles de libertad y alabe al Padre por su nueva liberación.

Invite al Espíritu Santo que le guíe en este viaje de libertad del mitraísmo. Manténgase sensible a su espíritu y al Espíritu Santo, y permanezca comprometido a terminar la obra de este libro— sin importar cuán lentamente proceda. Recuerde, habrá valido la pena. Nuestra oración para usted es que sus ojos sean abiertos a la verdad al ir atravesando por esta revelación, y que el resultado sea una experiencia de tremenda libertad.

Después de la primera publicación de este libro nos dieron instrucciones más completas, las cuales incluimos a continuación. Algunas serán repetitivas, pero la información será muy valiosa para usted:

Instrucciones a seguir con el libro

Sea libro del Mitraísmo

Vístase con la armadura de Dios

Vístase con la armadura de Dios antes de abordar el libro. En lugar de ponerse la armadura sólo de memoria, vuelva a las Escrituras (Efesios 6:10-19) y póngase la armadura utilizando la Palabra escrita como guía. Recomendamos estudiar este pasaje en diferentes versiones de la Biblia para comprender con profundidad el significado de cada pieza.[1]

Le recordamos que una de las tácticas del diablo es hacer que usted piense que ya se sabe esa porción de la Palabra de memoria cuando existe el tiempo para volver a la Palabra impresa. Revístase con la armadura. Es para su protección. Tiene más efecto de lo que ha creído y si se pone la armadura, ayuda a los ángeles a trabajar porque usted está blindado. Ellos no tienen que trabajar tanto dividiendo sus tareas de protección entre usted y el ataque al enemigo. Les da holgura para hacer un mayor daño al enemigo porque no están trabajando horas extras para

---

[1] Recomendamos la versión de la Biblia "El Espejo de la Palabra (Spanish Edition)" de Fracois Du Toit para un estudio profundo. https://www.amazon.com/Mirror-El-Espejo-Palabra-Spanish/dp/0992176999

protegerlo sino que pueden enfocarse en lograr un mayor impacto contra el enemigo.

Llame a sus ángeles cerca

Tómese un momento y llame a sus ángeles cerca de usted. Muchos niveles de actividad se están llevando a cabo. Los espíritus familiares están siendo erradicados de las esferas que han ocupado en estos territorios durante mucho tiempo. Estos espíritus familiares se están volviendo más fáciles de desalojar por el trabajo de los ángeles, así que asegúrese de haber llamado a sus ángeles cerca mientras trabaja en este libro.

Active a su espíritu para tomar el lugar principal

No se olvide de activar a su espíritu para que lo guíe. Es tan simple como hablarle en voz alta a su alma y a su espíritu instruyendo a su alma para que retroceda y renuncie al control y llamando a su espíritu para tome su lugar principal. Mientras le dice a su espíritu que se active y tome el primer lugar entren en los ámbitos del Cielo, comience a reconocer que mientras usted está realizando un caso en la corte a través de los protocolos del libro, usted está en los lugares celestiales también.

Ponga a prueba su habilidad para experimentar una doble realidad

Pruebe su capacidad de tener una experiencia en dos realidades a la vez, de estar en las cortes así como de leer el libro en voz alta desde el ámbito físico. Empezará a capacitar su discernimiento y tendrá una mayor habilidad para vivir desde dos realidades.

Resista la frustración

Resista la frustración. Debe resistir a los espíritus mentirosos que dicen que no pasa nada y que le dicen que el razonamiento de este libro y de estas oraciones es falso. Estos son espíritus mentirosos.

La importancia de la Comunión

Participar en la Comunión es esencial. Después de cada sesión de oración por la que pase, ya sea que termine uno o los siete grados, debe estar preparado para participar en la Mesa de Comunión del Señor para celebrar junto a Jesús el triunfo sobre el enemigo. Es un derecho comunitario de nuestra relación con Jesús a través de la Sangre del Pacto, ya que estamos involucrados en la celebración de la victoria de los casos judiciales que Jesús ya ha ganado a través de los veredictos concedidos a nuestro favor mientras trabajamos a través del libro del mitraísmo.

¿Qué se está logrando?

Está conquistando a sus espíritus familiares a través de la lectura del patrón de los escenarios en las cortes mientras lo ora. Está separando estos espíritus familiares de su esfera y prohibiendo su regreso mediante este trabajo.

Anuncie la notificación de desalojo

En el momento de la celebración de la victoria en la Mesa del Señor, simplemente anuncie a cada espíritu familiar atado a cualquiera de estas esferas, que todos los motivos legales han sido eliminados y ahora se les ordena que desalojen sus esferas en el Nombre de Jesús.

Libere a los ángeles para desalojar a los invasores

Sintonícese con el espíritu de Dios mientras disfruta de la Mesa de Comunión. En ese momento, libere a los ángeles verbalmente para que desalojen a cada invasor, a cada intruso ilegal, a cada espíritu ilegal que ahora ha perdido terreno de la esfera del cuerpo, de la esfera del alma, de la esfera del espíritu, de su ADN y de la esfera de la carne. Decrete una desbandada para que los ángeles dispersen al enemigo ahora en el Nombre de Jesús. Muchas entidades han estado colgando de un hilo y están esperando permanecer allí sin ser descubiertas.

En el momento en que ha hecho el trabajo de oración en las cortes y está sentado en el reposo de la Mesa de Su Comunión, es en ese instante, que se da la liberación más poderosa de los ángeles para realizar el trabajo que ahora pueden lograr de desalojo y remoción. Los ángeles se deleitan en hacer esto.

Recuerde leer en voz alta al libro

Las oraciones que realice, hágalas en voz alta. Eso les dará más poder.

Un final alternativo, una vez que se ha completado un nivel de grado, se basa en un patrón que desarrollamos, en donde recibimos los veredictos de un juicio, los entregamos personalmente a la Corte de Récords, y luego a la Corte de Ángeles. Algunos lectores del libro lo han hecho. He incluido esa información aquí para su consideración. Cuando esté trabajando en los casos de las cortes, haría esta parte al terminar el capítulo donde están las Instrucciones adicionales.

El siguiente testimonio puede ayudarle a ver el potencial de seguir este patrón. En cualquier caso, simplemente siga las instrucciones dadas por el Espíritu Santo. En el testimonio, esta pareja fue instruida para utilizar este patrón en lugar de las Instrucciones adicionales estándar del libro.

Testimonio de Robert y Jody Woeger's

Mi esposa Jody y yo queremos compartir con usted un testimonio que acabamos de recibir anoche al leer y completar su libro *Sea libre del mitraísmo:*

Ya habíamos pasado por los 2 primeros niveles de *Sea libre del mitraísmo* hace una semana, y ayer decidimos completar el libro y los 5 niveles restantes del libro. Después de recibir su extremadamente útil publicación en la web sobre las instrucciones para el libro *Sea libre del mitraísmo:*

Tuvimos resultados milagrosos cuando aplicamos las sugerencias que usted dio. Realmente bendeciría a la gente si pudiera volver y revisar su versión electrónica del libro en Amazon al añadir estas útiles instrucciones al principio del libro *Sea libre del mitraísmo* para bendecir a otros que leyeron el libro pero no tienen acceso a su sitio web.

No sólo recibimos cantidades extremas de libertad en cada nivel, sino que notablemente en los niveles 6 y 7, ambos experimentamos tremendas cantidades de bostezos saliendo de nuestras bocas y algunos eructos, mientras los espíritus nos dejaban. También pude ver y discernir mucho mejor en el Espíritu después de completar los 7 niveles de libertad.

También deseamos compartir los beneficios extra que ambos recibimos al completar el libro *Sea libre del mitraísmo:*

    1. Al pedir los veredictos de la Corte de Apelaciones al final de cada nivel del libro *Sea libre del mitraísmo,* me sentí guiado a usar el mismo protocolo de 2 pasos que usted ha recomendado en varios de sus otros libros de las Cortes del Cielo; el de ir primero a la Corte de Récords, y luego ir a la Corte de Ángeles, después de recibir los veredictos de la corte. Luego de pedir que se reciban los veredictos de la Corte de Apelaciones con respecto a cada nivel del mitraísmo, mi esposa Jody y yo nos tomamos el tiempo de llevar los veredictos recibidos a la Corte de Récords, y luego a la Corte de Ángeles.

2. Los ángeles, tanto en la Corte de Récords como en la Corte de Ángeles, se alegraron de que hubiéramos llegado y recibido veredictos de nuestra libertad del mitraísmo. Teníamos tantos veredictos/pergaminos de nuestra libertad del mitraísmo, que mi esposa vio una cinta transportadora que los ángeles estaban usando para procesar rápidamente todos los pergaminos en algunos de los niveles. En la Corte de Ángeles, los ángeles corrían rápidamente para ejecutar los veredictos de los pergaminos y parecían muy contentos de hacerlo.

3. Me sentí guiado a agradecer a los ángeles y a orar al Padre para que los ángeles que trabajan en la Corte de Ángeles recibieran Elixir de Ángel, Pan de Ángel y Comida de Ángel. Los ángeles estaban extasiados de que hubiéramos pedido al Padre que los bendijera con estas cosas, y lo siguiente que supimos fue que ellos nos trajeron una cesta de regalo celestial multicolor para bendecirnos, la cual recibimos.

4. En el siguiente nivel de veredictos que recibimos de la Corte de Apelaciones, le pedimos al Padre que bendijera a los ángeles en la Corte de Récords con las mismas tres cosas (Elixir de Ángel, Pan de Ángel y Comida de Ángel), como habíamos pedido anteriormente para los ángeles en la Corte de Récords. Los

ángeles de la Corte de Récords habían trabajado muy duro para procesar todos los pergaminos y queríamos verlos bendecidos como un "agradecimiento" de nuestro aprecio. Nos bendijeron con un Regalo Celestial de un rollo de tela de un material único que brillaba con colores azules y blancos, cuyos patrones en la tela cambiaban constantemente. Mi esposa Jody dijo que era para que nos vistieran con prendas hechas con esta tela celestial.

5. No siempre pedimos que el Padre bendiga a los ángeles de la Corte de Récords y de la Corte de Ángeles cada vez que los visitamos, sino sólo cuando nos sentimos impulsados a hacerlo en agradecimiento por el duro trabajo de los ángeles.

Recibimos regalos celestiales en varias ocasiones de visitar tanto la Corte de Récords como la Corte de Ángeles, incluyendo la mencionada cesta de regalos celestiales y el rollo de tela (material). También recibimos en visitas separadas un par de anteojos amarillos, una lupa de joyero para examinar y magnificar diamantes y piedras preciosas, y también un frasco de vidrio de perfume estilo vintage lleno de líquido claro con una pequeña bomba manual en forma de bola para rociar el contenido, que era una fragancia sagrada. Cuando rociamos la parte delantera de cada uno de nosotros con esta fragancia que nos habían dado de la botella, como un acto profético, Jody y yo inmediatamente olimos en lo natural una fragancia limpia, que abrió nuestras las fosas nasales en lo natural.

6. Un último regalo que recibimos de los ángeles al llevar los veredictos de *Sea libre del mitraísmo* a la Corte de Récords fue un recipiente celestial tipo Tupperware con una tapa que era transparente pero tenía un tinte azul. Tenía un líquido claro dentro, que cuando preguntamos por él, nos mostraron que era un tipo de elixir para los humanos que debíamos beber, así que ambos lo hicimos. Nos fortaleció y animó, y guardamos el líquido restante del recipiente para usarlo en el futuro.

Sólo queríamos agradecerle a usted y a su equipo por ayudar a la gente a recibir la libertad y queríamos compartir nuestro testimonio sobre el libro *Sea libre del mitraísmo*. ¡También disfrutamos mucho de sus seminarios web semanales!

– Robert & Jody Woeger

(Al final de este libro y en nuestro sitio web se comparten más testimonios ww.courtsofheaven.net.)

Actos de cierre

[Entre a la Corte de Récords]

ACUSADO/A[2]: Solicitamos permiso para entrar en la Corte de Récords.

[De un paso para entrar en la Corte de Récords]

Solicito una copia del veredicto que se acaba de dictar en mi caso.

[Reciba el veredicto de la corte (realice el acto profético de recibir el pergamino o los papeles)].

[Una vez que lo haya recibido, agradezca a la corte y salga para entrar en la Corte de Ángeles].

ACUSADO/A: Solicito permiso para entrar en la Corte de Ángeles.

[Entre en fe, a la Corte de Ángeles con su pergamino.]

ACUSADO/A: Tengo pergaminos que acaban de ser emitidos por las cortes, y solicito asistencia angélica para que se encarguen de estos asuntos.

[Es probable que sienta que uno o varios ángeles se acercan (puede ser uno o varios) y comienzan a tomar el pergamino/los papeles. Una vez que hayan terminado, libérelos para que salgan y se encarguen del veredicto].

---

[2] ¡Ese/a es usted!

[Ahora agradezca a la corte y retírese.]

[Puede alegrarse ahora que su caso ha sido escuchado y se ha tomado una decisión a su favor. Tome la comunión en este momento].

[A veces el juez entregará sus documentos directamente al alguacil, con lo que su tarea habrá concluido. Celebre lo que el Señor ha hecho en su favor.]

Capítulo 1
¿Qué Sabemos?

El mitraísmo es una religión pagana poco conocida, con miles de años de historia. Ha tenido mucho más impacto en nuestras vidas y en nuestra cultura de lo que nos imaginamos. Estructuras de iglesias enteras tienen el mitraísmo metido en sus fundamentos, y las tradiciones que se originaron en el mitraísmo han sido aceptadas como una parte normal de las iglesias por siglos.

Kay Tolman lo expresó así: "Desde el nacimiento de Jesús, la mayor amenaza para el cristianismo ha sido el mitraísmo".

Entre los adoradores famosos de Mitra se encuentran Nerón, Leonardo da Vinci, Rudyard Kipling y, por supuesto, Constantino.

Una de las figuras históricas más importantes de la historia de la Iglesia cristiana fue el emperador Constantino I. A él se le atribuye la legitimidad del cristianismo, que pasó de ser una secta a ser una fuerza dominante en la tierra. Sin embargo, si se investiga un poco, se descubrirá que hay algo más en la historia.

Durante el siglo I a.C., el culto a Mitra progresó mucho en Roma, después de soportar persecuciones, cuando algunos emperadores adoptaron la religión… Mitra se hizo muy popular entre los legionarios romanos y más tarde incluso entre los emperadores. El culto a Mitra fue reconocido por primera vez por el emperador Aureliano e instituyó el culto al "Sol Invictus" o Sol Invencible. El emperador Diocleciano, también adorador de Mitra, el Dios del Sol, quemó gran parte de las escrituras cristianas en el año 307 d.C.

Esto permitió al emperador Constantino fusionar el culto de Mitra con el del cristianismo el cual se estaba desarrollando notablemente. Se declaró cristiano pero al mismo tiempo mantuvo sus vínculos con el culto a Mitra. Conservó el título de "Pontifus Maximus" el sumo sacerdote. En sus monedas se inscribía: "Sol Invicto comiti" que significa, comprometido con el sol invencible. Esta nueva mezcla de los dos credos, la proclamó oficialmente como cristianismo. El cristianismo se extendió por todo el Imperio Romano y Europa Oriental mediante una persecución masiva y puso fin a diversas religiones que habían florecido en la región[3].

¿Hemos considerado el impacto del hecho de que Constantino NUNCA renunció a su lealtad a Mitra y mantuvo su condición de sacerdote del culto a Mitra?

---

[3] Crabtree, 2017

Puede que no haya sido el "amigo del cristianismo" que se ha promocionado a lo largo de los siglos. Vio el potencial político de incorporar la iglesia del Nuevo Testamento y crear una poderosa fuerza económica y social. Lo que consiguió fue crear una mezcla de lo pagano con lo sagrado en múltiples formas, y de eliminar el modelo apostólico del ministerio de la iglesia y reemplazarlo por el modelo pastoral del ministerio al que estamos acostumbrados hoy en día.

Fue Constantino quien designó el 25 de diciembre como la fecha de nacimiento reconocida de Jesucristo. Casualmente, esta era también la fecha de nacimiento de Mitra, el Dios del Sol. Pocos eruditos bíblicos creen que Jesús nació en diciembre, así que ¿fue esta una forma conveniente de superponer una celebración sobre los cimientos de otra? ¿Fue otro intento de inducir una mezcla paganizante en el cristianismo?

Las costumbres y fiestas judías eran comunes dentro del cristianismo de la época, y Constantino prohibió estos vínculos. También fue Constantino quien dedicó el domingo como el "Día del Señor" en el cristianismo —un día de culto y descanso— siendo el domingo el día típico de culto para los cristianos en contraposición al sábado judío que se observaba típicamente el sábado. Obsérvese también el nombre del día de la semana designado para el domingo, día del culto "cristiano." En la antigua Roma, se llamaba a este día *dies solis* —'día del sol'— y hoy en muchos idiomas su traducción literal conserva ese mismo significado. Es interesante, teniendo en cuenta que una de las deidades prominentes en el mitraísmo es el Sol.

A Constantino se le atribuyen muchas cosas que pueden haber sido buenas, pero la mezcla de lo profano con lo santo le ha costado caro a la iglesia a lo largo de su historia. Me atreveré a decir que la iglesia perdió mucho terreno debido a esta mezcla de lo profano con lo sagrado. Es especialmente preocupante la eliminación del paradigma apostólico bajo el cual la iglesia había funcionado, y su sustitución por el modelo pastoral como resultado de las acciones de Constantino. Los detalles de estos eventos los dejaré con los historiadores y teólogos de la iglesia. El propósito de este libro es ayudarle a encontrar la libertad de las garras del mitraísmo que probablemente son una fuente importante de los problemas que ha tenido en su vida.

El cristianismo no es la única religión que ha sido impactada por el mitraísmo. El hinduismo, el islam y el mormonismo tienen elementos del mitraísmo.

Las organizaciones ocultistas también tienen vínculos con el mitraísmo, como el druidismo, los Rosacruces, la Orden Hermética de la Aurora Dorada, la cábala, el Ordo Templi Orientis (OTO) y, por supuesto, la Masonería.

Este libro seguirá el modelo de mi libro *Superando los falsos veredictos de la Masonería* en su enfoque y método. Si no ha leído ese libro, le recomiendo que también lo haga, además de leer este libro. Si ya leyó el libro sobre la Masonería, este libro sobre el mitraísmo es un poderoso complemento para ayudarlo a obtener la libertad completa. Muchos de los fundamentos de la Masonería encuentran las raíces en el Culto de Mitra. La masonería adoptó muchos aspectos del mitraísmo.

Así como la Masonería ha afectado a la iglesia, también lo ha hecho el mitraísmo. El mitraísmo se practicaba ampliamente en la misma época en que Constantino impuso el cristianismo, e incorporó muchas prácticas mitráicas al catolicismo que pretendía desarrollar y promover. Hay paralelos comunes entre las dos religiones, incluyendo diversos juramentos, ceremonias, grados y títulos.

La correlación entre el Séptimo Grado del mitraísmo —el grado Pater— y la posición del Papa es alarmante. Esto se verá cuando se aborde el Séptimo Grado del mitraísmo en este libro.

Para ver cómo la influencia del mitraísmo ha impactado en la iglesia, considere el hecho de que la Basílica de San Pedro en Roma está construida en el sitio original del Circo de Nerón, también conocido como el Circo de Calígula, donde cientos de los primeros santos fueron martirizados durante el reinado de Nerón. Asimismo, el obelisco de la plaza de San Pedro procede del centro del Circo de Nerón, donde se encontraba antiguamente. Además, una parte del complejo de la basílica está construida sobre una tumba pagana. Aunque se supone que el lugar se eligió porque el apóstol Pedro estaba enterrado allí, no es un terreno sagrado. No obstante usted haya sido educado en la fe católica, es probable que nunca le hayan mencionado o explicado estos hechos históricos. Lo que creíamos que era sagrado parece tener fundamentos corruptos. No estoy atacando la fe católica, ni tampoco a los protestantes. Simplemente estoy exponiendo aspectos que probablemente eran desconocidos para la mayoría de nosotros. La inmensa mayoría de ambos grupos religiosos estaban y están buscando sencillamente una relación con Dios. Sin embargo, no conocíamos algunas de las raíces o fundamentos sobre los que se construyeron muchas doctrinas.

Cuando los protestantes se separaron de la iglesia católica para desarrollar la fe protestante, algunas de estas prácticas mitráicas se incluyeron en la nueva estructura. Por lo tanto, toda la herencia cristiana desde Constantino ha sido impactada de una u otra manera por el mitraísmo. Cuando se produjo la separación de la Iglesia católica bajo el liderazgo de Martín Lutero, estos "protestantes" no volvieron a un estilo de cristianismo basado en el Libro de los Hechos, ellos simplemente eliminaron algunas de las prácticas de la iglesia católica, las cuales fueron objeto de las 95 tesis de Martín Lutero.

Si usted fue criado fuera de los vestigios de las religiones cristianas con algún tipo de fondo de la Nueva Era, también tendrá una conexión con el mitraísmo con su culto al sol, la luna, los planetas, y más. Si usted tuvo antepasados —o estuvo usted mismo— involucrados en la Masonería, entonces este libro se aplica a usted porque la fuente de muchos de los elementos de la Masonería se originó en la falsa religión del mitraísmo.

Este libro contiene breves resúmenes de los siete grados del mitraísmo y algunos detalles de los mismos, pero de ninguna manera será exhaustivo. Hay otros recursos disponibles en otros sitios para aquellos que deseen entender mejor los detalles del mitraísmo. El objetivo de este libro es la liberación del impacto de este antiguo culto en su vida y en la de su familia. A medida que avanza en este libro, se le invita a orar en voz alta las oraciones de arrepentimiento y a trabajar a través de los escenarios de la corte para hacer frente a los falsos veredictos de cada nivel de grado del mitraísmo.

Al igual que en el libro de la Masonería, planteo aquí que cada nivel de grado del mitraísmo tiene veredictos falsos asociados al grado, que le dan poder a cada uno de ellos. Hasta que esos falsos veredictos sean anulados en las Cortes del Cielo, no se podrá alcanzar la verdadera libertad, porque cada veredicto tiene el derecho legal para impactar su vida hasta que sea tratado en las cortes. Trabaje a lo largo de cada nivel de grado lenta y metódicamente. Sea sensible al Espíritu Santo en cuanto a las instrucciones y pistas que Él pueda dar con respecto a las formas en que su vida ha sido impactada. La sensibilidad es clave en este proceso, así como el arrepentimiento. Hemos encontrado en nuestros años de trabajo en las Cortes del Cielo que mientras más arrepentidos estemos, más se logra dentro de las Cortes del Cielo.

En resumen, cualquiera de los siguientes aspectos pueden indicar que usted o sus generaciones están de alguna manera en conexión con el mitraísmo, y sin duda se beneficiarán con los conceptos en este libro:

- ¿Tiene Masonería en sus antepasados?
- ¿Tiene dificultad para ver espiritualmente?
- ¿Encuentra instancias de nombres como León, Miles y Pedro repetidos en su árbol genealógico?
- ¿Existe una fascinación predominante por las estrellas, la luna o el sol en su árbol genealógico?
- ¿Usted o cualquiera de sus ancestros participaron en religiones organizadas o cualquier práctica pagana?

Si su respuesta fue afirmativa a cualquiera de estas preguntas, este libro le ayudará a comenzar a ser libre de los impactos del mitraísmo en su vida.

Si su respuesta fue negativa a estas preguntas, le reto a leer y trabajar este libro de todas formas. Se sorprenderá de lo que se ha revelado.

Capítulo 2
Preparando el escenario

Al comenzar este proceso de liberación del mitraísmo, necesitaremos preparar el escenario para su plena participación, así como la de la nube de testigos que lo acompañarán. Háblele a su alma para que se aquiete y se sujete a su espíritu. Luego pídale a su espíritu que se active y sea la voz dominante mientras procede a hacer estas oraciones y pasa por los distintos escenarios en la corte. Es muy probable que su alma se resista al escenario de las cortes de justicia, por lo que necesitará tener una voluntad firme para completar la tarea que tiene por delante.

Llame a su(s) ángel(es) para que se acerquen a usted y le ayuden. Invite a las huestes del Cielo para que le asistan, que dirijan su camino y le den asesoría.

Ahora, solicite el acceso a la Corte de Cancelaciones, la cual está dentro de las Cortes del Cielo. La siguiente petición es para liberarle a usted y a sus generaciones de la adoración profana de Mitra. Aunque no entienda del todo lo que está solicitando a medida que lea esta petición, sí obtendrá pistas sobre las diversas ataduras a las que pudo haber estado sometido.

Mientras trabaja en este libro, estará realizando un arrepentimiento identificativo en nombre de sus propios actos, así como de los de sus antepasados (vivos o muertos). Al hacerlo, está aceptando que, por ser su descendiente, se convirtió en un receptor legal de cualquier pacto, acuerdo o juramento que ellos hayan hecho— de la misma manera en que sería el receptor legal de los acuerdos que hubieran hecho su madre o su padre.

A medida que haga la oración que contiene este libro, deberá recitar en voz alta cada escenario en la corte de justicia. Dondequiera que vea los títulos: Caso en la corte, Falsos veredictos, Arrepentimiento, Perdón, Peticiones, Conclusión, e Instrucción adicional, usted necesitará recitar verbalmente lo que está escrito. Al final de cada capítulo hay un incentivo para esperar más instrucciones del Cielo. No se apresure a leer el libro. Permita que el Espíritu Santo tenga el tiempo necesario para trabajar en su corazón.

Comience con lo siguiente:

Caso en la corte

Solicito acceso a la Corte de cancelaciones hoy, en Nombre de Jesús. Solicito y pido a esta Corte un veredicto que me conceda libertad a mí y a mi linaje desde la mano del Padre y hacia el futuro en mis generaciones hasta donde tenga que llegar, de los actos de culto profano a Mitra realizados por mí o por mis antepasados.

Arrepentimiento

Juez Justo, me arrepiento de todo compromiso con el mitraísmo de mi parte o por mi línea generacional. Pido a esta Corte que escuche mi arrepentimiento al confesar el mitraísmo como un pecado contra Dios.

Confieso como pecado y me arrepiento de toda participación en los rituales de mitraísmo.

Me arrepiento de toda participación en los ritos de iniciación y ritos de purificación del mitraísmo.

Me arrepiento de toda adoración profana a todos los principados y poderes asociados con el mitraísmo y todas las dedicaciones a esta falsa religión.

Me arrepiento de mi participación y/o la participación de cualquiera de mis antepasados en el falso catecismo y el falso evangelio del mitraísmo.

Me arrepiento de haber entregado nuestras vidas y generaciones a Mitra.

Me arrepiento de haber aceptado la sangre de un toro como un elemento clave de salvación.

Me arrepiento por la adoración al león del mitraísmo.

Me arrepiento por aquellos en mis generaciones que perpetraron esta falsa religión en mis generaciones, en el Nombre de Jesús.

Me arrepiento de toda lealtad a Mitra en cualquier nivel, lugar, ámbito o dimensión en cualquier momento por mí o por mis generaciones.

Me arrepiento de cada contraseña secreta y apretón de manos usado en las órdenes mitráicas.

Me arrepiento de haber adorado al falso dios Mitra como el ángel de la luz.

Me arrepiento de la adoración del sol, la luna, las estrellas y las constelaciones.

Me arrepiento de haber aceptado las mentiras del mitraísmo por mí y por mi línea generacional.

Me arrepiento de haber abrazado la falsa religión del mitraísmo en cualquier forma y con cualquier nombre que se me haya representado a mí o a mi línea generacional.

Me arrepiento de todo involucramiento con la brujería en cualquier forma y nivel en cualquier dimensión, en el Nombre de Jesús.

Me arrepiento de haber acogido el hipnotismo.

Me arrepiento de abrazar la Tauroctonia[4] y todo su significado oculto.

---

[4] La Tauroctonia son los relieves de piedra que representan la matanza de un toro, central en el culto del mitraísmo. *Tauróctonos* significa "matanza del toro".

Me arrepiento de la profanación de nuestras vidas y generaciones al participar en los rituales y prácticas del mitraísmo, y por participar en actividades en los templos mitráicos.

Me arrepiento de haber participado en la visualización guiada asociada al mitraísmo.

Me arrepiento de los cambios de forma involucrados en el mitraísmo.

Me arrepiento de toda participación en la magia y el chamanismo.

Me arrepiento de todo apoyo financiero del mitraísmo en cualquier forma.

Me arrepiento por haber acogido:

Los siete cielos y las siete puertas celestiales del mitraísmo.

Los siete peldaños de la escalera

Los siete metales y los siete planetas

La falsa antorcha y la falsa espada

Me arrepiento de haberle cantado himnos o canciones a Mitra.

Me arrepiento de todo el evangelismo de esta falsa religión y de atrapar a otros en estas falsas creencias.

Me arrepiento del uso y participación de las cartas del Tarot y de toda adivinación.

Me arrepiento del uso de las cartas de Tarot y de la participación en toda la adivinación.

Me arrepiento de la participación en las pruebas calificadoras del mitraísmo:

> Fuego
>
> Calor
>
> Frío
>
> Hambre
>
> Sed

Me arrepiento en nombre de cada miembro de mis generaciones pasadas que acogieron los falsos conocimientos del mitraísmo.

Me arrepiento de la adoración de los muchos dioses e ídolos egipcios.

Me arrepiento de haber puesto otros dioses ante Ti, Señor de los Ejércitos.

Me arrepiento de participar en la Cena Mágica y de participar en falsas comuniones.

Me arrepiento de besar los amuletos en la liturgia del mitraísmo y de intercambiar el ADN en homenaje a estos falsos dioses.

Me arrepiento de participar en la liturgia de la misa mitráica.

Me arrepiento de cantar según la liturgia del mitraísmo.

Me arrepiento de todas las transacciones con los falsos dioses del mitraísmo y de utilizar los beneficios de las transacciones hechas por mí o por mis antepasados.

Me arrepiento de todos estos actos y acciones cometidos por mí o por mis generaciones.

Entrego a Jesús todo título, cargo, autoridad o delegación relacionada con el mitraísmo que yo, o mis antepasados, obtuvimos mediante el culto profano a Mitra.

* * * * *

También puede ser impulsado proseguir más allá con arrepentimiento. Siga la guía del Espíritu Santo mientras recorre los restantes escenarios de la sala de justicia relacionados con el mitraísmo.

Perdón

Perdono a los agentes humanos de las tinieblas que idearon y formularon esta falsa religión sin considerar, o a pesar de, Tus santos mandamientos. Los perdono, bendigo y libero en el Nombre de Jesús. Perdono como he sido perdonado.

Yo perdono a cada ancestro que me ató a los pactos del mitraísmo en cualquier y todo nivel, en cualquier tiempo, en cualquier dimensión. Los libero hoy de su culpa.

Pido perdón por cualquier acción que haya introducido un trauma en mí vida y en mi línea generacional.

Pido que el trauma y el miedo sean eliminados, en el Nombre de Jesús.

Perdono a estos ancestros por introducir esta maldad en mi línea generacional y también perdono a aquellos que la perpetuaron a través de las generaciones.

Yo perdono, bendigo y libero a cada una de estas personas, en el Nombre de Jesús.

Peticiones

Solicito en las Cortes del Cielo la completa anulación de todos los reclamos de propiedad, títulos, acuerdos, pactos, juramentos o contratos, incluyendo los pactos de sangre hechos por mí o por mis ancestros en cualquier tiempo y en cualquier reino o dimensión.

Solicito la cancelación de todo contrato y acuerdo con Mitra, Helios, Saturno, Ahura Mazda, la Hermandad Saturnalia, y cualquier otro principado o poder con cualquier nombre, en el Nombre de Jesús Cristo.

Pido que todas las reclamaciones de propiedad sean canceladas y completamente anuladas de mi vida y de mis generaciones y todas las reclamaciones de propiedad de mi simiente o de la simiente de mis generaciones.

Solicito un divorcio absoluto de Baal, Mitra, y toda deidad falsa asociada a esta religión pagana y culto profano.

Solicito la anulación del poder de la pharmakia sobre mí y sobre mis generaciones, y me arrepiento por todos los que aceptaron los falsos conocimientos del mitraísmo.

Solicito, en lugar de los pactos de muerte y los acuerdos con el Seol hechos a través de este falso culto, que esos pactos sean completamente anulados y que en su lugar se emita un Pacto de Vida a través de la Sangre y el Cuerpo de Jesucristo, como mi Mesías y Redentor.

Solicito órdenes permanentes de cesación y desistimiento de la proyección astral, el entrelazamiento del cordón de plata y todo otro acceso y actividades de las entidades impías asociadas con el mitraísmo.

Solicito la cancelación de toda maldición, hechizo, hex, vex, hinx, jinx, encantamiento, vudú, hechicería, forma de brujería, arte oscuro, encantamiento, golpe, o cualquier otra actividad que me afecte a través de lealtades a los falsos dioses del mitraísmo.

Solicito la cancelación de toda maldición pronunciada sobre mis antepasados en los rituales funerarios o en cualquier otro momento, en Nombre de Jesús.

Solicito la eliminación y destrucción de todos los sellos satánicos y registros de las cortes del infierno en relación con cada ceremonia del mitraísmo en todas sus formas.

Solicito la completa evacuación de mi vida y de mis generaciones de cada entidad impía en el Nombre de Jesús y que estas entidades sean capturadas, encadenadas y escoltadas para ser enviadas directamente a los pies de Jesús.

Conclusión

Me presento como representante de mi línea de sangre hoy en Tu Corte. Solicito que el arrepentimiento por mi línea generacional sea registrado en todas las cortes pertinentes, sea usado en otros casos judiciales pertinentes y sea registrado en los Libros del Cielo para mí y mis generaciones. También solicito la liberación inmediata de las bendiciones del Señor que me han sido retenidas o pérdidas debido a las conexiones con el mitraísmo, para mí y mis generaciones.

Te agradezco a Ti, Juez Justo, y a esta corte por escuchar mi arrepentimiento y mis peticiones en este día, y solicito estos registros hoy en las Cortes del Cielo, en el Nombre de Jesús.

Hice esta oración el día _____del _____.

Por _____

Instrucciones Adicionales

Ahora, mientras aguarda el veredicto, escuche atentamente las nuevas instrucciones que se le den. Una vez que se emita un veredicto favorable, sentirá un torrente de paz en su ser. También puede experimentar otras manifestaciones a medida que las entidades anteriormente vinculadas a usted salgan de su vida. Alégrese con gratitud por el nuevo nivel de libertad que experimentará.

Como acto profético, quite de su dedo el anillo de matrimonio simbólico y entrégueselo al ángel que le atiende. Retire también cualquier prenda de vestir litúrgica[5] asociada a este grado, entréguela al ángel para que se deshaga de ella.

También puede ser impulsado proseguir más allá con arrepentimiento. Siga la guía del Espíritu Santo mientras recorre los restantes escenarios de la sala de justicia relacionados con el mitraísmo.

---

[5] Prenda de vestir litúrgica— vestidos especiales usados en ritos ceremoniales. Puede incluir joyas o tocados especiales para la cabeza.

Capítulo 3
Primer grado

Corax, el cuervo

Cada grado del mitraísmo tiene ciertas particularidades asociadas con ese grado. En los tiempos de esta religión solo se sabía de la existencia de siete planetas. Es por esto que el mitraísmo contiene siete niveles diferentes. En cada grado era una dedicación a uno o más de estos planetas, así como al sol, a la luna o a ambos.

La adoración al dios Sol se conoce típicamente como Baal, mientras que la diosa Luna es Alá. En el apéndice de mi libro, *Cómo anular los falsos veredictos de la Masonería*, encontrará las siguientes oraciones: El divorcio de Baal y el divorcio de la diosa de la Luna. Si aún no ha trabajado en estas dos peticiones, le recomiendo que las haga.

En el Primer Grado del mitraísmo, conocido como el Corax (el Cuervo), la persona se coloca bajo la protección del planeta Mercurio. Se adora al dios falso Hermes— el mensajero de los dioses. El símbolo del ritual eran el vaso y el caduceo, y el simbolismo era la muerte de un neófito. El cuervo se relaciona de algún modo al pájaro inmundo de Apocalipsis 18:2, el cual es una entidad de las tinieblas poco conocida para la iglesia. Hablo más de este tema en mi libro *Cómo interactuar con el Cielo para obtener revelación*.

Caso en la corte

Solicito acceso a la Corte de Apelaciones del Cielo, en el Nombre de Jesús.

Juez Justo, Yo [declare su nombre completo] me presento en nombre propio y en nombre de mi línea de sangre —pasada, presente y futura— todos los que están relacionados conmigo por medio de sangre, matrimonio, adopción, pacto civil o religioso.

También pido que hoy la nube de testigos esté presente en la corte.

Falsos Veredictos

Pido que los falsos veredictos emitidos en el grado de Corax o Cuervo, el cual es el Primer Grado, sean anulados y reemplazados con veredictos justos a mi favor y en favor de mi descendencia, en el Nombre de Jesús.

Estos falsos veredictos son los siguientes:

Los pájaros son enlaces entre el cielo y la tierra y son mensajeros del dios del sol, Baal.

Identificarse dentro del Culto de Mitra es algo sagrado.

El viaje astral es una forma sagrada de viajar y necesaria para cumplir con mis deberes con los dioses del mitraísmo.

El mitraísmo ofrece una forma alternativa y superior para lograr la resurrección en un Hombre Nuevo.

Los ritos, rituales y todos los componentes del mitraísmo son superiores a todas las demás religiones y son entendimientos fundamentales para la divinidad y la perfección.

El bautismo en el mitraísmo da como resultado el perdón de mis pecados.

El cambio de forma y el chamanismo son prácticas aceptables ante el Señor Dios Jehová.

El mitraísmo proporciona un conocimiento y una sabiduría superior, particularmente en lo que respecta a las ciencias y la medicina.

Arrepentimiento

Me arrepiento por la participación e iniciación en el Corax, Cuervo, el Primer Grado del mitraísmo con los títulos, oficios, juramentos, votos y ritos de iniciación pertinentes a este grado.

Me arrepiento de haber recibido el título y el cargo de "Mensajero de los Dioses."

Me arrepiento en nombre propio y por mi línea generacional por recibir el título y oficio de "Corax, el cuervo."

Me arrepiento por aceptar la falsa creencia que ser identificado con el culto de Mitra es una cosa santa.

Me arrepiento de participar y aceptar los títulos, oficios, juramentos, votos y ritos de iniciación del Primer Grado del mitraísmo.

Me arrepiento de toda lealtad al mitraísmo y entrego toda pertenencia a las Órdenes de Mitra a Jesucristo.

Me arrepiento por toda adoración a Mercurio o Hermes, de cualquier forma o estado, y por todas las transacciones inmundas hechos con estos falsos dioses.

Me arrepiento de haberme involucrado consciente e inconscientemente, atándome a pactos del mitraísmo en cualquier nivel, en cualquier momento, en cualquier ámbito o dimensión.

También me arrepiento de la participación de aquellos en mi línea familiar que se involucraron en el mitraísmo, ya sea a sabiendas o sin saberlo. Los libero hoy de su culpa y los bendigo.

Me arrepiento de cualquier acción, incluida la mía o la de otros, que haya introducido el trauma en mí y en mi linaje. Pido que ese trauma y temor sean removidos, y que cada trauma adherido al tiempo sea sanado en el Nombre de Jesús.

Me arrepiento de aceptar el falso veredicto que declara:

Los pájaros son enlaces entre el cielo y la tierra y son mensajeros del dios del sol, Baal.

Me arrepiento de cualquier alianza y de toda lealtad a Baal en cualquier forma, en cualquier lugar, tiempo, ámbito o dimensión en el Nombre de Jesús.

Me arrepiento por aceptar a este pájaro malvado y sus obras, y por invitarlos a mi vida y a la de mi línea generacional.

Me arrepiento de aceptar el falso veredicto que declara:

El viaje astral es una forma sagrada de viajar y necesaria para cumplir con mis deberes con los dioses del mitraísmo.

Me arrepiento de haber emprendido el viaje astral por mí mismo o por mis mi linaje y de haber aceptado la falsa creencia de que hacerlo era un cumplimiento de mis deberes para con los dioses del mitraísmo.

Me arrepiento de aceptar el falso veredicto que declara:

El mitraísmo ofrece una forma alternativa y superior para lograr la resurrección en un Hombre Nuevo.

Me arrepiento de haber rechazado la resurrección de Jesucristo y de haber aceptado una falsa resurrección enseñada por el mitraísmo. Reconozco que sólo puedo convertirme en un hombre nuevo a través de Jesucristo, y que Jesús mismo es la Resurrección y la Vida[6].

Me arrepiento de aceptar el falso veredicto que declara:

Los ritos, rituales y todos los componentes del mitraísmo son superiores a todas las demás religiones y son entendimientos fundamentales para la divinidad y la perfección.

Me arrepiento de aceptar este falso veredicto como verdadero, por rechazar el conocimiento del único Dios verdadero, y por aceptar las enseñanzas falsas de mitraísmo como la verdad.

Me arrepiento de aceptar el falso veredicto que declara:

El bautismo en el mitraísmo da como resultado el perdón de mis pecados.

---

[6] Juan 11:25

Me arrepiento de aceptar el falso bautismo del mitraísmo y de creer que ese acto resulta en el perdón de mis pecados, fuera del perfecto sacrificio de Jesucristo y el derramamiento de Su Sangre en mi lugar.

Me arrepiento de aceptar el falso veredicto que declara:

> *El cambio de forma y el chamanismo son prácticas aceptables ante el Señor Dios Jehová.*

Me arrepiento de haber participado o permitido el cambio de forma y de haber participado en el chamanismo por mí mismo o por mi línea de sangre. Tales prácticas son detestables para un Dios santo y pido el perdón de estos pecados, en el Nombre de Jesús.

Me arrepiento de aceptar el falso veredicto que declara:

> *El mitraísmo proporciona un conocimiento y una sabiduría superior, particularmente en lo que respecta a las ciencias y la medicina.*

Me arrepiento de acoger el Árbol del Conocimiento del Bien y del Mal, adoptado por este falso veredicto, y de rechazar el Árbol de la Vida. Sólo a través de Jesucristo puede venir la verdad y la sabiduría.

Me arrepiento de acoger las falsas creencias del mitraísmo sobre la ciencia y la medicina. Sólo Tú, Señor

Dios, eres la fuente de todo el conocimiento y la fuente de sanidad para nuestras vidas.

Por favor reemplaza el falso veredicto que declara que

> *Los pájaros son enlaces entre el cielo y la tierra y son mensajeros del dios del sol, Baal.*

con los veredictos justos, porque Tu Palabra declara en Romanos 1:19-25:

> *Porque lo que de Dios se conoce les es manifiesto(a los incrédulos), pues Dios se lo manifestó. [20] Porque las cosas invisibles de él, su eterno poder y deidad, se hacen claramente visibles desde la creación del mundo, siendo entendidas por medio de las cosas hechas, de modo que no tienen excusa. [21] Pues habiendo conocido a Dios, no le glorificaron como a Dios, ni le dieron gracias, sino que se envanecieron en sus razonamientos, y su necio corazón fue entenebrecido. [22] Profesando ser sabios, se hicieron necios, [23] y cambiaron la gloria del Dios incorruptible en semejanza de imagen de hombre corruptible, de aves, de cuadrúpedos y de reptiles. [24] Por lo cual también Dios los entregó a la inmundicia, en las concupiscencias de sus corazones, de modo que deshonraron entre sí sus propios cuerpos, [25] ya que cambiaron la verdad de Dios por la mentira, honrando y dando culto a las criaturas antes que al Creador, el cual es bendito por los siglos. Amén.(El texto añadido es mío.)*

Por lo tanto, no debemos adorar aves o ninguna criatura, ni elevarlos por encima de su propósito y diseño original.

Con relación al segundo falso veredicto de que:

> *El viaje astral es una forma sagrada de viajar y necesaria para cumplir con mis deberes con los dioses del mitraísmo.*

Tu Palabra declara lo que Jesús dijo, en Mateo 22:37-40:

> *"Amarás al Señor tu Dios con todo tu corazón, y con toda tu alma, y con toda tu mente. ^{38} Este es el primero y grande mandamiento. ^{39} Y el segundo es semejante: Amarás a tu prójimo como a ti mismo. ^{40} De estos dos mandamientos depende toda la ley y los profetas".*

Con relación al falso veredicto que:

> *El mitraísmo ofrece una forma alternativa y superior para lograr la resurrección en un Hombre Nuevo,*

Tu palabra en Efesios 2:13-16, dice:

> *Pero ahora en Cristo Jesús, vosotros que en otro tiempo estabais lejos, habéis sido hechos cercanos por la sangre de Cristo. ^{14} Porque él es nuestra paz, que de ambos pueblos hizo uno, derribando la pared intermedia de separación, ^{15} aboliendo en su carne las enemistades, la ley de los mandamientos expresados en ordenanzas, para crear en sí mismo de los dos un solo y*

*nuevo hombre, haciendo la paz, *^(16)*y mediante la cruz reconciliar con Dios a ambos en un solo cuerpo, matando en ella las enemistades.*

Tu Palabra también declara en Joel 2:32:

Y todo aquel que invocare el nombre de Jehová será salvo; porque en el monte de Sion y en Jerusalén habrá salvación, como ha dicho Jehová, y entre el remanente al cual él habrá llamado.

La salvación solo viene a través de Jesucristo, Tu Hijo como lo declara Hechos 4:12:

Y en ningún otro (aparte de Jesús) hay salvación; porque no hay otro nombre bajo el cielo, dado a los hombres, en que podamos ser salvos. (La aclaración es mía)

Con relación al falso veredicto que los ritos, rituales y todos los componentes del mitraísmo son superiores a todas las demás religiones y son entendimientos fundamentales para la divinidad y la perfección— eso está en directa contradicción a Tu Palabra, como se describe en Joel 2:32, Efesios 2:13-16 y otras Escrituras ya mencionadas.

El falso veredicto que indica que el bautismo en el mitraísmo da como resultado el perdón de mis pecados también es un contradicción directa a la Palabra de Dios previamente descrita.

También, el falso veredicto que el cambio de forma y el chamanismo son prácticas aceptables ante el Señor Dios

Jehová. Como el chamanismo es una forma de idolatría y prácticas impías, también es una contradicción a la Palabra de Dios. El cambio de forma es una violación Tu santa verdad que cada uno fue hecho a la imagen de Dios.

Y finalmente, el falso veredicto del Primer Grado que declara que el mitraísmo proporciona un conocimiento y una sabiduría superior —particularmente en lo que respecta a las ciencias y la medicina— contradice Tu Palabra en Juan 14:6 donde declara que Jesús es el camino, la verdad y la vida y nadie viene al Padre sino por medio de Él.

* * * * *

También puede ser impulsado proseguir más allá con arrepentimiento. Siga la guía del Espíritu Santo mientras recorre los restantes escenarios de la sala de justicia relacionados con el mitraísmo.

Perdón

Perdono a los agentes humanos de la oscuridad que idearon y formularon esta falsa religión sin considerar por, o a pesar de Tus santos mandamientos. Los perdono, bendigo y libero en el Nombre de Jesús. Perdono como he sido perdonado.

Perdono a cualquier ancestro que me ató a los pactos del mitraísmo en cualquier y todo nivel, momento y dimensión. Los libero este día de su culpa.

Pido perdón por cualquier acción que introdujo trauma en mi y en mi línea generacional.

Pido que el trauma y el temor sean eliminados, en el Nombre de Jesús.

Perdono a mis ancestros por introducir la maldad en mi línea generacional y también perdono a aquellos que lo propagaron a través de las generaciones.

Perdono, bendigo y libero a cada una de estas persona, en el Nombre de Jesús.

Peticiones

Solicito que estos falsos veredictos sean anulados en las Cortes del Cielo este día y reemplazados con veredictos justos, y que yo y mi línea generacional de sangre seamos liberados de toda atadura resultante de mi participación en nivel de Primer Grado de mitraísmo. Solicito que todo daño sufrido a mi ADN y el ADN de mi línea generacional sea sanado, cada mancha removida, y cada impureza sea eliminada en el Nombre de Jesús.

Solicito que se cancele toda transacción impía, y que se elimine toda forma de impuesto sobre mí y mi línea generacional.

Solicito la cancelación de todo impacto y ramificación de las alianzas, pactos, juramentos, votos o dedicaciones al mitraísmo a través de este primer grado en el Nombre de Jesús.

Solicito que el trauma y el miedo sean eliminados, y que todo trauma vinculado al tiempo sea sanado en el Nombre de Jesús.

Además, solicito que todas estas acciones sean aplicadas a todas las personas relacionadas conmigo por sangre, matrimonio, adopción, pacto civil o religioso, desde la mano del Padre y hacia el futuro en mis generaciones hasta donde tengan que llegar, en el poderoso Nombre de Jesús.

Conclusión

Hoy me presento como representante de mi línea de sangre en Tu Corte. Solicito que el arrepentimiento por mi línea generacional sea registrado en todas las cortes pertinentes, sea usado en otros casos judiciales pertinentes y sea registrado en los Libros del Cielo para mí y mis generaciones. También solicito la liberación inmediata de las bendiciones del Señor que me han sido retenidas o perdidas debido a las conexiones con el mitraísmo, para mí y mis generaciones.

Te agradezco a Ti, Juez Justo, y a esta corte por escuchar mi arrepentimiento y mis peticiones en este día, y solicito todo esto hoy en las Cortes del Cielo, en el Nombre de Jesús

Hice esta oración el día _____ del _____.

Por _____

Instrucciones Adicionales

Ahora, mientras aguarda el veredicto, escuche atentamente las nuevas instrucciones que se le den. Una vez que se emita un veredicto favorable, sentirá un torrente de paz en su ser. También puede experimentar otras manifestaciones a medida que las entidades anteriormente vinculadas a usted salgan de su vida. ¡Alégrese con gratitud por el nuevo nivel de libertad que experimentará!

Como acto profético, quite de su dedo el anillo de matrimonio simbólico y entréguselo al ángel que le atiende. Retire también cualquier prenda de vestir litúrgica[7] asociada a este grado, entréguela al ángel para que se deshaga de ella.

También puede ser impulsado proseguir más allá con arrepentimiento. Siga la guía del Espíritu Santo mientras recorre los restantes escenarios de la sala de justicia relacionados con el mitraísmo.

---

[7] Prenda de vestir litúrgica— vestidos especiales usados en ritos ceremoniales. Puede incluir joyas o tocados especiales para la cabeza.

Capítulo 4
Segundo grado

Ninfa, Novia masculina

En este Segundo Grado, la Ninfa o grado de la novia masculina, la persona se coloca bajo la protección de Venus. Los dioses falsos a los que se adora son Mitra y Venus, y los símbolos del ritual son el "Velo de la Realidad", "La Luz de la Verdad", la crisálida, el velo, la antorcha, el espejo, la campana y la diadema. El simbolismo incluye un falso matrimonio y una falsa resurrección.

Nuevamente, toma lugar la adoración pagana a la creación por encima del Creador, lo que provoca que la persona acepte una realidad falsa, que se someta a ceguera espiritual a través del "Velo de Realidad", que se someta a la "Luz de la Verdad" falsa, y a otros símbolos paganos.

Caso en la corte

Solicito acceso a la Corte de Apelaciones del Cielo, en el Nombre de Jesús.

Juez Justo, Yo [declare su nombre completo] me presento en nombre propio y en nombre de mi línea de sangre —pasada, presente y futura— todos los que están relacionados conmigo por medio de sangre, matrimonio, adopción, pacto civil o religioso.

También pido que hoy la nube de testigos esté presente en la corte.

Falsos Veredictos

Pido que los falsos veredictos emitidos en el grado de Ninfa o la Novia masculina, el cual es el Segundo Grado, sean anulados y reemplazados con veredictos justos a mi favor y en favor de mi descendencia, en el Nombre de Jesús.

Estos falsos veredictos son los siguientes:

> *El oficio de Novia de Mitra (Ninfa, la novia masculina) es un oficio sagrado con todos sus juramentos, votos, pactos, lealtad, eternidad y fidelidad de este Segundo Grado y es algo sagrado.*

> *La ofrenda del vaso, el cual representa mi corazón, y el agua que demuestra mi amor a Mitra, es santo.*

El pan está permeado por el poder del dios Sol.

El ayuno como preparación a la ceremonia es justo y sirve para la consagración de esta iniciación, la cual se lleva a cabo en una cueva oscura mientras se recita el mantra "Salve Ninfa, salve Luz Nueva".

La participación del pacto marital usando el "Velo de realidad", llevando la "Luz de la Verdad" y el compromiso de celibato es justo y Santo ante Dios.

En este grado, Venus debe ser adorada junto con el dios falso Mitra, con sus símbolos profanos de la crisálida, el espejo, la campana, y la diadema los cuales sobrepasan cualquier otro símbolo religioso.

Que mi transformación en una abeja a través de la crisálida es nacer nuevamente a una vida nueva y completamente diferente.

Pido que estos falsos veredictos sean anulados en la Corte del Cielo este día y reemplazados por veredictos justos, y que yo y mi línea generacional seamos libres de toda esclavitud como resultado de nuestro involucramiento en el título y oficio de la Novia de Mitra— Ninfa la novia masculina, el Segundo Grado del mitraísmo.

Arrepentimiento

Me arrepiento por la participación e iniciación en la Ninfa, la Novia masculina, el Segundo Grado del mitraísmo con los títulos, oficios, juramentos, votos y ritos de iniciación pertinentes a este grado.

Me arrepiento en nombre mío y de mi línea generacional de haber recibido el título y el cargo de "Ninfa, la Novia masculina".

Me arrepiento de toda lealtad al mitraísmo y rindo a Jesucristo toda pertenencia a las órdenes de Mitra.

Me arrepiento por toda adoración a Venus o Mitra, de cualquier forma o modalidad, y por todas las transacciones impías hechas con estos falsos dioses.

Me arrepiento de aceptar el falso veredicto que declara:

> *El oficio de Novia de Mitra (Ninfa, la Novia masculina) es un oficio sagrado con todos sus juramentos, votos, pactos, lealtad, eternidad y fidelidad de este Segundo Grado y es algo sagrado.*

Me arrepiento de haberme alineado con todas las lealtades en este grado eternamente.

Me arrepiento de haberme unido a mí mismo y/o por mis antepasados al unir a nuestra familia a este falso Esposo, burlándose del verdadero Esposo y de la Esposa de Cristo. Jesús es el Esposo, y nosotros somos la Esposa de Cristo. Isaías 62:5 dice,

> *Pues como el joven se desposa con la virgen, se desposarán contigo tus hijos; y como el gozo del*

esposo con la esposa, así se gozará contigo el Dios tuyo.

Me arrepiento de aceptar el falso veredicto que declara:

La ofrenda del vaso, la cual representa mi corazón, y el agua que demuestra mi amor a Mitra, es santo.

Me arrepiento de acoger la profanación de la Santa Cena y por la burla del sacrificio de Jesucristo en la cruz.

Me arrepiento de aceptar el falso veredicto que declara:

El pan está permeado por el poder del dios Sol.

Me arrepiento por haberlo recibido en mi cuerpo y por aquellos en mi línea generacional que tomaron parte de este pan profano.

Me arrepiento por haberle otorgado poder sobre mis generaciones. Jesucristo es el Pan de Vida (Juan 6:35) y no sólo de pan vivirá el hombre, sino de toda palabra que sale de la boca de Dios (Mateo 4:4).

Me arrepiento de aceptar el falso veredicto que declara:

El ayuno como preparación a la ceremonia es justo y sirve para la consagración de esta iniciación, la cual se lleva a cabo en una cueva oscura mientras se recita el mantra "Salve Ninfa, salve Luz Nueva".

Me arrepiento de haber ayunado para obtener favor ante los dioses. Me arrepiento de intentar encontrar la luz verdadera en las tinieblas. Lejos de Ti, Señor Dios, es imposible conocer la verdad, porque Tú (Jesús) eres el camino, la verdad y la vida (Juan 14:6).

Me arrepiento de aceptar el falso veredicto que declara:

La participación del pacto marital usando el "Velo de realidad", llevando la "Luz de la Verdad" y el compromiso de celibato es justo y Santo ante Dios.

Me arrepiento de haber participado de un matrimonio falso por medios falsos, obteniendo un sentimiento falso de pertenencia.

Me arrepiento de poner a estos falsos dioses en Tu lugar, Jesús. Tu eres la Cabeza, y yo soy parte del Cuerpo. Soy parte de la Esposa y, Jesús, tú has hecho posible que yo esté casado/a contigo, compartiendo una unión íntima y santa al salvarme de la muerte y la separación eterna de Dios. He entregado mi corazón y vida a ti Señor.

Me arrepiento de hacer un voto de celibato y dar mi simiente solo a Mitras. Este voto contradice tu mandamiento de "fructificad y multiplicaos" (Génesis 1:22).

Te reconozco a ti como la Luz Verdadera porque Jesús es la Luz del Mundo (Juan 8:12).

Me arrepiento de aceptar el falso veredicto que declara:

> *La ofrenda del vaso, el cual representa mi corazón, y el agua que demuestra mi amor a Mitra, es santo, y que el pan está permeado por el poder del dios Sol.*

Me arrepiento por esta comunión profana cometida por este pacto impío de ofrecer mi amor y corazón cuando Tú eres el único sacrificio que merece ser recordado en la comunión.

Me arrepiento de recibir el pan profanado en comunión. Tú, Jesús eres el 'Pan de Vida' y la vida sólo se encuentra en Ti.

Me arrepiento de aceptar el falso veredicto que declara:

> *En este grado, Venus debe ser adorada junto con el dios falso Mitra, con sus símbolos profanos de la crisálida, el espejo, la campana, y la diadema los cuales sobrepasan cualquier otro símbolo religioso.*

Me arrepiento por adorar a estas deidades representando los planetas que Tu creaste.

Me arrepiento por adorar seres creados, sean animales, u otros. Tu Palabra declara que "Dios es Espíritu; y los que le adoran, en espíritu y en verdad es necesario que le adoren." (Juan 4:24). Sé que Jesús nos da potestad de hollar serpientes y escorpiones, y sobre toda fuerza del enemigo, y nada nos dañará (Lucas 10:19).

Me arrepiento de aceptar el falso veredicto que declara:

Que mi transformación en una abeja a través de la crisálida es nacer nuevamente a una vida nueva y completamente diferente.

Me arrepiento de haberme transformado en un ser diferente a la persona que me creaste para ser con el objetivo de tener una vida completamente nueva. Esta es una práctica abominable para el Señor.

Me arrepiento de haber asumido que esta práctica podría traerme una nueva vida. Sólo puedo tener una vida nueva legítima si renazco en Jesucristo. (Hechos 4:12)

Tu Palabra dice que no os conforméis a este mundo, sino que os transforméis mediante la renovación de vuestra mente, para que comprobéis cuál es la buena voluntad de Dios, agradable y perfecta. (Romanos 12:2).

* * * * *

También puede ser impulsado proseguir más allá con arrepentimiento. Siga la guía del Espíritu Santo mientras recorre los restantes escenarios de la sala de justicia relacionados con el mitraísmo.

Perdón

Perdono a los agentes humanos de la oscuridad que idearon y formularon esta falsa religión sin considerar, o a pesar de Tus santos mandamientos. Los perdono, bendigo y libero en el Nombre de Jesús. Perdono como he sido perdonado.

Perdono a cualquier ancestro que me ató a los pactos del mitraísmo en cualquier y todo nivel, tiempo y dimensión. Los libero este día de su culpa.

Pido perdón por cualquier acción que introdujo trauma en mi vida y en mi línea generacional.

Pido que el trauma y el temor sean eliminados, en el Nombre de Jesús.

Perdono a mis ancestros por introducir la maldad en mi línea generacional y también perdono a aquellos que lo propagaron a través de las generaciones.

Perdono, bendigo y libero a cada una de estas personas, en el Nombre de Jesús.

Peticiones

También solicito un divorcio absoluto del falso dios Mitra y la ruptura de todo vínculo con esta falsa deidad en cualquier representación que haya tenido, en cualquier momento que haya ocurrido y en cualquier dimensión que haya ocurrido.

Solicito que cada fragmento de mi alma o mi espíritu, cada parte capturada de mi ADN, o el de mis antepasados, sea reunido y restaurado a mí mismo y a mis líneas de sangre, incluyendo a todos los que estén relacionados conmigo por sangre, matrimonio, adopción, pactos civiles o religiosos, desde la mano del Padre y hacia el futuro en mis generaciones hasta donde tenga que llegar, en el poderoso Nombre de Jesús.

Solicito liberación inmediata para mi vida y mi familia, y la liberación inmediata de todos en mi línea generacional que hayan sido llevados cautivos por estos falsos veredictos. También pido que las falsas entidades culpables en este grado sean eliminadas en el Nombre de Jesús.

Solicito la completa liberación de mi alma y espíritu de todos los espíritus malvados, demonios, entidades malvadas, principados y potestades impuestas sobre nosotros en este grado.

Pido que estos falsos veredictos sean anulados en las Cortes de Cielo este día y reemplazados con veredictos justos, y que yo y mi línea generacional seamos liberados de toda esclavitud resultante mi involucramiento en el Segundo Grado del mitraísmo.

Solicito que se cancele toda transacción impía, y que se levante toda forma de impuesto sobre mí y mi línea generacional.

Solicito que todo aspecto de este grado denunciando perpetuidad sea cancelado, en el Nombre de Jesús.

Pido la cancelación de todo impacto y ramificación de las alianzas, pactos, juramentos, votos o dedicaciones al mitraísmo a través de este Segundo Grado en el Nombre de Jesús.

Adicionalmente, solicito que todas estas acciones sean aplicadas a toda persona relacionada a mi vida por sangre, matrimonio, adopción, pactos civiles o religiosos, desde la mano del Padre y hacia el futuro en mis generaciones hasta donde tengan que llegar, en el nombre poderoso de Jesús.

Conclusión

Hoy me presento como representante de mi línea de sangre en Tu Corte. Solicito que el arrepentimiento por mi línea generacional sea registrado en todas las cortes pertinentes, sea usado en otros casos judiciales pertinentes y sea registrado en los Libros del Cielo para mí y mis generaciones. También solicito la liberación inmediata de las bendiciones del Señor que me han sido retenidas o perdidas debido a las conexiones con el mitraísmo, para mí y mis generaciones.

Le agradezco, Juez Justo, y a esta corte por escuchar mi arrepentimiento y mis peticiones en este día, y solicito estos registros hoy en las Cortes del Cielo, en el Nombre de Jesús

Hice esta oración el día _____ del _____.

Por _____

Instrucciones Adicionales

Ahora, mientras aguarda el veredicto, escuche atentamente las nuevas instrucciones que se le den. Una vez que se emita un veredicto favorable, sentirá un torrente de paz en su ser. También puede experimentar otras manifestaciones a medida que las entidades anteriormente vinculadas a usted salgan de su vida. ¡Alégrese con gratitud por el nuevo nivel de libertad que experimentará!

Como acto profético, quite de su dedo el anillo de matrimonio simbólico y entrégueselo al ángel que le atiende. Retire también cualquier prenda de vestir litúrgica[8] asociada a este grado, entréguela al ángel para que se deshaga de ella.

También puede ser impulsado proseguir más allá con arrepentimiento. Siga la guía del Espíritu Santo mientras recorre los restantes escenarios de la sala de justicia relacionados con el mitraísmo.

---

[8] Prenda de vestir litúrgica— vestidos especiales usados en ritos ceremoniales. Puede incluir joyas o tocados especiales para la cabeza.

Capítulo 5

Tercer grado

Miles, el soldado

En el Tercer Grado, conocido como el grado de Miles el soldado, bajo la protección del planeta Marte, los dioses falsos que se adoraban eran a Mitra y Marte, y los símbolos rituales eran el equipo del soldado, el casco, la lanza, el tambor, el cinturón y el pectoral.

Caso en la corte

Solicito acceso a la Corte de Apelaciones del Cielo, en el Nombre de Jesús.

Juez Justo, Yo [declare su nombre completo] me presento en nombre propio y en nombre de mi línea de sangre —pasada, presente y futura— todos los que están

relacionados a mi por medio de sangre, matrimonio, adopción, pacto civil o religioso.

También pido que hoy la nube de testigos esté presente en la corte.

Falsos Veredictos

Solicito que los falsos veredictos que se emitieron en el grado "Miles el soldado", que es el Tercer Grado, sean reemplazados por veredictos justos en mi nombre y en el de mis descendientes, en el Nombre de Jesús.

Estos falsos veredictos son los siguientes:

> *La participación e iniciación en "Miles el soldado"— Tercer Grado del mitraísmo con los oficios, títulos, insignias, juramentos, votos y ritos de iniciación de este grado incluyendo el arrodillarme desnudo ante el altar de Mitra después de ser atado y vendado los ojos como una práctica aceptable ante el Señor.*
>
> *Aceptar y adorar al planeta Marte (dios de la Guerra), Mitra y a "Miles el soldado," dándoles autoridad sobre mi (y mi descendencia) como una cosa santa.*
>
> *Recitar el falso veredicto que "Mitra es mi única corona."*
>
> *Soy propiedad de Mitra. Al ser tatuado o marcado, tiene un título de propiedad sobre mi.*
>
> *Creer que la verdadera libertad está en el mitraísmo. Promover sus símbolos de*

armadura— el equipo del soldado, el casco, el cinturón, la lanza, el tambor y el pectoral como portadores del poder de Mitra.

Arrepentimiento

Me arrepiento por toda lealtad al mitraísmo y por someterme por completo a la membresía de la Orden de Mitra por encima de Jesucristo.

Me arrepiento por toda adoración a Marte, Mitras, Miles el soldado o cualquier otra falsa deidad de cualquier forma o estado, y por todas las transacciones inmundas hechas con estos falsos dioses.

Me arrepiento por la participación e iniciación en Miles el soldado —el Tercer Grado del mitraísmo— con los oficios, títulos, insignias, juramentos, votos y ritos de iniciación de este grado.

Me arrepiento por mí y por mi descendencia al recibir el título y oficio del "Miles el soldado."

Me arrepiento por participar en y aceptar los oficios, títulos, insignias, juramentos, votos y ritos de iniciación del Tercer Grado del mitraísmo.

Me arrepiento de aceptar el falso veredicto que declara:

Que arrodillarme desnudo ante el altar de Mitra después de ser atado y vendado los ojos es una práctica justa ante Dios.

Me arrepiento de haberme arrodillado desnudo en reverencia a Mitra. Pienso en cómo Adán y Eva estaban desnudos y sin vergüenza en el huerto, y así es como me presento ante ti en espíritu. Me inclino ante Ti porque no puedo quedarme de pie en Tu Presencia: eres demasiado Santo.

Me arrepiento por haber sido engañado por el poder y la protección prometido por "Miles el soldado" en este grado del mitraísmo. Reconozco que el Señor es mi protector, Él adereza mesa delante de mí en presencia de mis angustiadores; Esperanza mía, y castillo mío; Mi Dios, en quien confiaré (Salmo 23:4-5; 91:2).

Me arrepiento de aceptar el falso veredicto que declara:

> *Someterme y adorar al planeta Marte (dios de la Guerra), Mitra y a "Miles el soldado," y darles autoridad sobre mi (y mi descendencia) como también recitar el falso veredicto que "Mitra es mi única corona," y promover sus símbolos de armadura— el equipo del soldado, el casco, el cinturón, la lanza, el tambor y el pectoral como portadores del poder de Mitra como algo aceptable ante ti, SEÑOR Dios.*

Me arrepiento por dar homenaje a las deidades en este grado al estar de acuerdo con darles mi lealtad porque necesitaba su protección. El Señor es mi refugio y fortaleza, moraré bajo la sombra del Omnipotente. Diré yo a Jehová: Esperanza mía, y castillo mío Mi Dios, en quien confiaré. Misericordia mía y mi castillo, fortaleza mía y mi libertador, escudo mío, en quien he confiado; el que sujeta a mi pueblo debajo de mí (Salmo 91:1-2, 144:2).

Me arrepiento de aceptar el falso veredicto que declara:

Soy la propiedad de Mitra. Al ser tatuado o marcado, tiene un título de propiedad sobre mi.

Me arrepiento por ser tatuado o marcado como propiedad de las deidades involucradas en este grado.

Me arrepiento por impedir que Jehová-Nissi sea mi bandera. Él pelea por mi todas mis batallas. Él es mi Rey, y para siempre he sido lavado por la Sangre del Cordero.

Me arrepiento de aceptar el falso veredicto que declara:

Creo que la verdadera libertad está en el mitraísmo. Promover sus símbolos de armadura— el equipo del soldado, el casco, el cinturón, la lanza, el tambor y el pectoral como portadores del poder de Mitra.

Me arrepiento de haber creído que la libertad está en el mitraísmo, ya que sólo en Cristo hay verdadera libertad y emancipación. "Porque el Señor es el Espíritu; y donde está el Espíritu del Señor, allí hay libertad [emancipación de la esclavitud, verdadera libertad]." (2 Corintios 3:17)

* * * * *

También puede ser impulsado a proseguir más allá con su arrepentimiento. Siga la guía del Espíritu Santo aquí y mientras recorre los restantes escenarios de las salas judiciales relacionados con el mitraísmo.

Perdón

Perdono a aquellos agentes humanos de la oscuridad que idearon y formularon esta falsa religión sin tener en cuenta, o a pesar de, Tus santos mandamientos. Los perdono, bendigo y libero en el Nombre de Jesús. Perdono como he sido perdonado.

Perdono a todos los ancestros que me ataron a los pactos del mitraísmo en cualquier nivel, en cualquier momento, en cualquier dimensión. Los libero hoy de su culpa.

Pido perdón por cualquier acción que haya introducido un trauma en mí y en mi linaje.

Pido que el trauma y el miedo sean eliminados, en el Nombre de Jesús.

Perdono a estos ancestros por introducir esta maldad en mi linaje y también perdono a aquellos que la perpetuaron a través de las generaciones.

Perdono, bendigo y libero a cada una de estas personas en el Nombre de Jesús.

Peticiones

Pido que estos falsos veredictos sean anulados en las Cortes del Cielo en este día y reemplazados por veredictos justos, y que yo y mis generaciones seamos liberados de toda atadura resultante de nuestra participación en el nivel del Tercer Grado del mitraísmo.

Solicito la liberación inmediata de mi vida y la de mi familia, así como la de todos los de mi línea generacional, que han sido cautivos de estos falsos veredictos.

Solicito que se cancele toda transacción impía, y que se levante toda forma de impuesto sobre mí y mi línea generacional.

Además, solicito que todas estas acciones se apliquen a todas las personas relacionadas conmigo por sangre, matrimonio, adopción, pacto civil o religioso, desde la mano del Padre y hacia el futuro en mis generaciones hasta donde tengan que llegar, en el poderoso Nombre de Jesús.

Conclusión

Hoy me presento como representante de mi línea de sangre en Tu Corte. Solicito que el arrepentimiento por mi línea generacional sea registrado en todas las cortes pertinentes, sea usado en otros casos judiciales pertinentes y sea registrado en los Libros del Cielo para mí y mis generaciones. También solicito la liberación inmediata de las bendiciones del Señor que me han sido retenidas o perdidas debido a las conexiones con el mitraísmo, para mí y mis generaciones.

Te agradezco a Ti, Juez Justo, y a esta corte por escuchar mi arrepentimiento y mis peticiones en este día, y solicito todo esto hoy en las Cortes del Cielo, en el Nombre de Jesús

Hice esta oración el día _____del _____.

Por _____

Instrucciones Adicionales

Ahora, mientras aguarda el veredicto, escuche atentamente las nuevas instrucciones que se le den. Una vez que se emita un veredicto favorable, sentirá un torrente de paz en su ser. También puede experimentar otras manifestaciones a medida que las entidades anteriormente vinculadas a usted salgan de su vida. ¡Alégrese con gratitud por el nuevo nivel de libertad que experimentará!

Como acto profético, quite de su dedo el anillo de matrimonio simbólico y entrégueselo al ángel que le atiende. Retire también cualquier prenda de vestir litúrgica[9]

---

[9] Prenda de vestir litúrgica— vestidos especiales usados en ritos ceremoniales. Puede incluir joyas o tocados especiales para la cabeza.

asociada a este grado, entréguela al ángel para que se deshaga de ella.

También puede ser impulsado a proseguir más allá con su arrepentimiento. Siga la guía del Espíritu Santo mientras recorre los restantes escenarios de la sala de justicia relacionados con el mitraísmo.

Capítulo 6
Cuarto grado

Leo, el león

Conocido como el grado de Leo el león, en el Cuarto Grado se está presuntamente bajo la protección del planeta Júpiter. Los falsos dioses adorados son el Leontocephaline y Júpiter. Los símbolos rituales son la pequeña pala de mano, el sistrum (un instrumento musical), la corona de laurel y los rayos. Caso en la corte

Caso en la corte

Solicito acceso a la Corte de Apelaciones del Cielo, en el Nombre de Jesús.

Juez Justo, Yo [declare su nombre completo] me presento en nombre propio y en nombre de mi línea de sangre —pasada, presente y futura— todos los que están

relacionados conmigo por medio de sangre, matrimonio, adopción, pacto civil o religioso.

También pido que hoy la nube de testigos esté presente en la corte.

Falsos Veredictos

Pido que los falsos veredictos emitidos en el grado de "Leo, el león," que es el Cuarto Grado, sean anulados y reemplazados con veredictos justos a mi favor y en favor de mi descendencia, en el Nombre de Jesús.

Estos falsos veredictos son los siguientes:

> *La participación en el Cuarto Grado, "Leo el león", mediante el cambio de forma y las representaciones del chamanismo, me hace "uno" con el espíritu del león y adorar al espíritu del león, y/o adorar a los leones que cargan consigo "la última cena" es algo santo.*

> *La última cena de pan y vino de Mitra con sus compañeros ("la Hermandad") antes de su ascenso a los cielos en el carro de oro del Sol (el dios del Sol) es la marca de un verdadero salvador. "La Hermandad" me hará saber lo que debo hacer.*

> *La miel roja proporciona la purificación de la culpa. La miel de la unción se utiliza para la lengua de los iniciados y para lavarse las manos a fin de prepararse para el ritual del fuego con el "foso del sufrimiento."*

Cuidar la llama sagrada y quemar incienso a estos dioses es sagrado.

Adorar y someterse a Leontocephaline, con la serpiente envuelta en su cuerpo, sosteniendo las llaves del reino, y las alas de viaje astral me hace un dios, y debo adorar el planeta Júpiter (dios de la fuerza).

Me arrepiento de aceptar el falso veredicto que declara:

La participación en el Cuarto Grado, "Leo el león", mediante el cambio de forma y las representaciones del chamanismo, me hace "uno" con el espíritu del león y adorar al espíritu del león, y/o adorar a los leones que cargan consigo "la última cena" es algo santo.

Me arrepiento de buscar ser uno con Leo el león o cualquier espíritu de león. Tú, Señor Jesús, eres el León de la Tribu de Judá y la lealtad sólo debe ir hacia ti.

Me arrepiento de haber utilizado el cambio de forma y los actos de chamanismo para hacerme uno con el espíritu del león.

Me arrepiento de adorar al espíritu del león.

Me arrepiento de adorar a los leones.

Me arrepiento de haber aceptado la participación en el ritual de la última cena y de haber aceptado que cualquiera de estos actos o hechos era algo santo. Fueron abominables para ti, Señor Dios.

Me arrepiento de aceptar el falso veredicto que declara:

> *La última cena de pan y vino de Mitra con sus compañeros ("la Hermandad") antes de su ascenso a los cielos en el carro de oro del Sol (el dios del Sol) es la marca de un verdadero salvador. "La Hermandad" me hará saber lo que debo hacer.*

Me arrepiento de la "última cena" y la falsa comunión del Cuarto Grado con "la Hermandad", que representa el liderazgo espiritual para mí y mi linaje.

Me arrepiento por permitir que "la Hermandad" me controle a mí y a mi linaje y por colocarlos en un pedestal por encima de Ti— Juez Justo, Señor Jesús y Espíritu Santo.

Me arrepiento de toda vestimenta litúrgica asociada con Sol, el dios del Sol, dándome a entender que son vestimentas de honor para los hombres en liderazgo y/o de los sacerdotes de Mitra. Pido que la Sangre de Jesús sea derramada sobre toda la vestidura litúrgica para romper todos los lazos del alma adquiridos durante este Cuarto Grado.

Marcos 12:29-31 dice, "Jesús le respondió: 'El primer mandamiento de todos es: Oye, Israel; el Señor nuestro Dios, el Señor uno es. [30] Y amarás al Señor tu Dios con todo tu corazón, y con toda tu alma, y con toda tu mente y con todas tus fuerzas. Este es el principal mandamiento. ³¹ Y el segundo es semejante: Amarás a tu prójimo como a ti mismo. No hay otro mandamiento mayor que éstos.'"

Me arrepiento de aceptar el falso veredicto que declara:

La miel roja proporciona la purificación de la culpa. La miel de la unción se utiliza para la lengua de los iniciados y para lavarse las manos a fin de prepararse para el ritual del fuego con el "foso del sufrimiento".

Me arrepiento de la falsa unción de purificación de la miel en la iniciación del fuego. Declaro que sólo la sangre de Cristo purifica el pecado.

Me arrepiento de haber adorado el fuego y de haber buscado en éste poder y protección, cuando la fe no debe estar fundada en la sabiduría de los hombres sino en el poder de Dios. (1 Corintios 2:5)

Me arrepiento de aceptar el falso veredicto que declara:

Cuidar la llama sagrada y quemar incienso a estos dioses es sagrado.

Me arrepiento de haber atendido la llama sagrada y de haber quemado incienso a los dioses de este grado. Mi Dios es fuego consumidor. Él hace descender fuego del cielo. Él es muy poderoso. Su voz divide las llamas del fuego. Él os bautizará con el Espíritu Santo y el fuego. (Mateo 3:11).

Me arrepiento de aceptar el falso veredicto que declara:

Adorar y someterse a Leontocephaline, con la serpiente envuelta en su cuerpo, sosteniendo las llaves del reino, y las alas de viaje astral me hace un dios, y debo adorar el planeta Júpiter (dios de la fuerza).

Me arrepiento de haberme sometido y adorado a Júpiter, dios de la Fuerza. Sé que el gozo del Señor es mi fortaleza.

Me arrepiento de haber sometido mi voluntad a Leontocephaline, una serpiente, falsas llaves del reino y alas astrales. Leontocephaline es un principado, y la serpiente es aplastada bajo el talón de Jesús. Yo, siendo hijo de Dios, tengo las Llaves del Reino, me escondo bajo la sombra del Dios Todopoderoso, y bajo sus alas me refugio.

Arrepentimiento

Me arrepiento de la participación e iniciación en este Cuarto Grado, "Leo el león", usando el cambio de forma y los actos de chamanismo para llegar a ser "uno" con el espíritu del león y por adorar al espíritu del león (incluyendo a los leones) que cargan consigo "la última cena".

Me arrepiento de haberme transformado en león.

Me arrepiento de adorar al león y de traer el mal a mí y a mi descendencia. Jesús, te pido que me elimines, de mí espíritu y alma y del espíritu y alma de mis generaciones, a todas las entidades que han tenido acceso a nuestra vida por el cambio de forma y el chamanismo en este grado.

Me arrepiento de adorar a un espíritu de león, porque Jesús es el León de Judá, Él es el único digno de adoración.

Me arrepiento de haber celebrado la fiesta como un león del ritual. Esto es malvado y falso, una imitación barata del verdadero León-Jesús. Jesús es el Rey León (Apocalipsis 5:5).

Me arrepiento por el uso del sistrum para crear frecuencias no agradables al Señor de los Ejércitos.

Me arrepiento de haberme entregado a mí y a mi linaje a los altares de Leo el león, el espíritu del león, Júpiter y cualquier otra entidad maligna o identidad de protección relacionada con este grado.

Me arrepiento por mi participación e iniciación en Leo, el león, el Cuarto Grado del mitraísmo.

Me arrepiento por aceptar los oficios, títulos, vestidos litúrgicos, juramentos, votos y ritos de iniciación de este grado.

Me arrepiento de que yo y mi línea generacional hayamos recibido el título y el oficio de "Leo, el león".

Me arrepiento por participar y aceptar los títulos, oficios, juramentos, votos y ritos de iniciación del Cuarto Grado del mitraísmo.

Me arrepiento de toda lealtad al mitraísmo y rindo a Jesucristo toda pertenencia a las órdenes de Mitra.

Me arrepiento de toda adoración a los leontocéfalos en cualquier forma o manera y de todas las transacciones impías realizadas con estos falsos dioses.

* * * * *

También puede ser impulsado proseguir más allá con arrepentimiento. Siga la guía del Espíritu Santo mientras recorre los restantes escenarios de la sala de justicia relacionados con el mitraísmo.

Perdón

Perdono a los agentes humanos de la oscuridad que idearon y formularon esta falsa religión sin considerar por, o a pesar de, Tus santos mandamientos. Los perdono, bendigo y libero en el Nombre de Jesús. Perdono como he sido perdonado.

Perdono a todos los ancestros que me ataron a los pactos del mitraísmo en cualquier nivel, en cualquier momento, en cualquier dimensión. Los libero hoy de su culpa.

Pido perdón por cualquier acción que haya introducido un trauma en mí y en mi linaje.

Pido que el trauma y el miedo sean eliminados, en el Nombre de Jesús.

Perdono a estos ancestros por introducir esta maldad en mi linaje y también perdono a aquellos que la perpetuaron a través de las generaciones.

Perdono, bendigo y libero a cada una de estas personas en el Nombre de Jesús.

Peticiones

Solicito que estos falsos veredictos sean anulados en las Cortes del Cielo en este día y reemplazados por veredictos justos, y que yo y mi linaje seamos liberados de toda atadura resultante de nuestra participación en el nivel del Cuarto Grado del mitraísmo.

También solicito un divorcio absoluto del falso dios Mitra y la ruptura de todo vínculo con este falso dios en cualquier representación que haya tenido, en cualquier tiempo y cualquier dimensión que haya ocurrido.

Solicito que se cancele toda transacción impía, y que se levante toda forma de impuesto sobre mí y mi línea generacional.

Solicito la cancelación de todo impacto y ramificación de las lealtades, pactos, juramentos, votos o dedicaciones al mitraísmo a través de este Cuarto Grado, en el Nombre de Jesús.

Solicito mi liberación inmediata y la de mi familia, así como la de todos los miembros de mi linaje que han sido cautivos de estos falsos veredictos. Pido la restauración completa del trauma del "foso del sufrimiento" y de todos los traumas relacionados con los rituales participados en este grado.

Adicionalmente, solicito que todas estas acciones se apliquen a todas las personas relacionadas conmigo por sangre, matrimonio, adopción, pacto civil o religioso, desde la mano del Padre y hacia el futuro en mis generaciones hasta donde tengan que llegar, en el poderoso Nombre de Jesús.

Conclusión

Hoy me presento como representante de mi línea de sangre en Tu Corte. Solicito que el arrepentimiento por mi línea generacional sea registrado en todas las cortes pertinentes, sea usado en otros casos judiciales pertinentes y sea registrado en los Libros del Cielo para mí y mis generaciones. También solicito la liberación inmediata de las bendiciones del Señor que me han sido retenidas o perdidas debido a las conexiones con el mitraísmo, para mí y mis generaciones.

Te agradezco a Ti, Juez Justo, y a esta corte por escuchar mi arrepentimiento y mis peticiones en este día, y solicito todo esto hoy en las Cortes del Cielo, en el Nombre de Jesús

Hice esta oración el día _____del _____.

Por _____

Instrucciones Adicionales

Ahora, mientras aguarda el veredicto, escuche atentamente las nuevas instrucciones que se le den. Una vez que se emita un veredicto favorable, sentirá un torrente de paz en su ser. También puede experimentar otras manifestaciones a medida que las entidades anteriormente vinculadas a usted salgan de su vida. ¡Alégrese con gratitud por el nuevo nivel de libertad que experimentará!

Como acto profético, quite de su dedo el anillo de matrimonio simbólico y entrégueselo al ángel que le atiende. Retire también cualquier prenda de vestir litúrgica[10] asociada a este grado, entréguela al ángel para que se deshaga de ella.

También puede ser impulsado a proseguir más allá con su arrepentimiento. Siga la guía del Espíritu Santo mientras recorre los restantes escenarios de la sala de justicia relacionados con el mitraísmo.

---

[10] Prenda de vestir litúrgica— vestidos especiales usados en ritos ceremoniales. Puede incluir joyas o tocados especiales para la cabeza.

Capítulo 7

Quinto grado

Peres/Perseo, el persa

En el Quinto Grado conocido como el Peres o Perseo— el persa, se está bajo la protección de la Luna. El falso dios adorado es el Príncipe de Persia y Perseo, y los símbolos rituales son el gorro frigio[11], la hoz, la luna, las estrellas y la honda.

Caso en la corte

Solicito acceso a la Corte de Apelaciones del Cielo, en el Nombre de Jesús.

---

[11] El gorro frigio es puntiagudo por delante. A menudo se representa como el tipo de gorro que llevaba Robin Hood.

Juez Justo, Yo [declare su nombre completo] me presento en nombre propio y en nombre de mi línea de sangre —pasada, presente y futura— todos los que están relacionados a mi por medio de sangre, matrimonio, adopción, pacto civil o religioso.

También pido hoy que la nube de testigos esté presente en la corte.

Falsos Veredictos

Pido que los falsos veredictos emitidos en el grado de "Peres/ Perseo— el persa," que es el Quinto Grado, sean anulados y reemplazados con veredictos justos en mi favor y en favor de mi descendencia, en el Nombre de Jesús.

Estos falsos veredictos son los siguientes:

La participación e iniciación en este Quinto Grado de "Peres / Perseo el persa" como signo de proeza y poder es algo sagrado.

El culto al dios de la Luna (Alá) y al Príncipe de Persia (Perseo), así como el uso de ritos de fertilidad bajo la Luna, es un culto aceptable y necesario.

Entrar en alianza matrimonial con "el persa" para obtener los ritos del linaje real persa es algo sagrado.

El uso de la miel para la purificación en el ritual de este grado, dando significado a la palabra "luna de miel" proveniente de este nivel del mitraísmo, es sagrado.

Los símbolos de este grado, incluyendo el uso del gorro frigio, honda y cualquier otra insignia que represente este grado, ofrecen prestigio y poder y son sagrados.

Pido que estos falsos veredictos sean anulados en las Cortes del Cielo en este día y reemplazados por veredictos justos, y que yo, y mi línea generacional, seamos liberados de toda atadura resultante de mi participación en el nivel del Quinto Grado del mitraísmo.

Arrepentimiento

Me arrepiento por la participación e iniciación en "Peres/ Perseo— el persa," el Quinto Grado del mitraísmo con los oficios, títulos, insignias, juramentos, votos y ritos de iniciación de este grado.

Me arrepiento en nombre propio y el de mi descendencia por recibir el título y oficio del "Peres/ Perseo— el persa."

Me arrepiento de haber aceptado los títulos, los cargos, los juramentos, los votos y los ritos de iniciación del Quinto Grado del mitraísmo.

Me arrepiento de toda lealtad al mitraísmo y rindo a Jesucristo toda pertenencia a las órdenes de Mitra.

Me arrepiento de toda adoración a la Luna, o al Príncipe de Persia o a Perseo, de cualquier forma o manera, y de todas las transacciones impías hechos con estos falsos dioses.

Me arrepiento de espíritu, alma y cuerpo, en mi nombre y en el de mi linaje, por recibir el título y el oficio de "Peres/Perseo— el persa".

Me arrepiento de aceptar el falso veredicto que declara:

> La participación e iniciación en este Quinto Grado de "Peres / Perseo el persa" como signo de proeza y poder es algo sagrado.

Me arrepiento de buscar poder y proezas en la constelación de estrellas de Perseo el persa, en una hoz o en cualquier otro dios.

> "Bendice, alma mía, a Jehová. Jehová Dios mío, mucho te has engrandecido; Te has vestido de gloria y de magnificencia. ² El que se cubre de luz como de vestidura, Que extiende los cielos como una cortina, (Salmo 104:1-2) Tu Espíritu, oh Señor, es más grande que cualquier poder de la tierra o de los cielos. No con ejército, ni con fuerza, sino con mi Espíritu, ha dicho Jehová de los ejércitos (Zacarías 4:6).

Me arrepiento de aceptar el falso veredicto que declara:

El culto al dios de la Luna (Alá) y al Príncipe de Persia (Perseo), así como el uso de ritos de fertilidad bajo la Luna, es un culto aceptable y necesario.

Me arrepiento de la adoración profana al dios de la Luna, Alá, el "Príncipe de Persia" y todos los principados en este grado.

Me arrepiento de haber participado en los ritos de fertilidad en este grado. Mi fidelidad y devoción te pertenecen a Ti Señor. ¡Tú, Señor, eres el Alfa y la Omega, el principio y el fin, pues tuyos son el Poder, el Honor, la Gloria y el Reino para siempre!

Me arrepiento de aceptar el falso veredicto que declara:

Entrar en alianza matrimonial con "el persa" para obtener los ritos del linaje real persa es algo sagrado.

Me arrepiento de haber participado en una unión impía como ésta.

Me arrepiento de estar de acuerdo con ella o de cooperar con ella en cualquier nivel.

Me arrepiento por la participación, las dedicaciones y la consumación de este matrimonio impío con "el persa" en este grado.

Me arrepiento por los lazos del alma al ocultismo que resultaron de este nivel del mitraísmo.

Soy parte de la Esposa de Cristo, Él es mi Desposado, He sido injertado en un linaje escogido, real sacerdocio, nación santa, Su propia persona especial, para que anuncie las virtudes de aquel que me llamó de las tinieblas a Su Luz Admirable. (I Pedro 2:9).

Me arrepiento de aceptar el falso veredicto que declara:

> *El uso de la miel para la purificación en el ritual de este grado, dando significado a la palabra "luna de miel" proveniente de este nivel del mitraísmo, es sagrado.*

Me arrepiento del uso pervertido de la miel en la ceremonia de purificación.

Me arrepiento de aceptar el falso veredicto que declara:

> *Los símbolos de este grado, incluyendo el uso del gorro frigio, honda y cualquier otra insignia que represente este grado, ofrecen prestigio y poder y son sagrados.*

Me arrepiento de los símbolos: el gorro frigio, la honda y cualquier otra insignia, pues he sido revestido de la justicia de Dios en Cristo y me he puesto toda la armadura de Dios para resistir las asechanzas del diablo.

* * * * *

También puede ser impulsado a proseguir más allá con su arrepentimiento. Siga la guía del Espíritu Santo aquí y mientras recorre los restantes escenarios de las cortes de justicia relacionados con el mitraísmo.

Perdón

Perdono a aquellos agentes humanos de la oscuridad que idearon y formularon esta falsa religión sin tener en cuenta, o a pesar de, Tus santos mandamientos. Los perdono, bendigo y libero en el Nombre de Jesús. Perdono como he sido perdonado.

Perdono a todos los ancestros que me ataron a los pactos del mitraísmo en cualquier nivel, en cualquier momento, en cualquier dimensión. Los libero hoy de su culpa.

Pido perdón por cualquier acción que haya introducido un trauma en mí y en mi linaje. Pido que el trauma y el miedo sean eliminados, en el Nombre de Jesús.

Perdono a estos ancestros por introducir esta maldad en mi linaje y también perdono a aquellos que la perpetuaron a través de las generaciones.

Perdono, bendigo y libero a cada una de estas personas en el Nombre de Jesús.

Peticiones

Solicito que estos falsos veredictos sean anulados en las Cortes del Cielo en este día y reemplazados por veredictos justos, y que yo y mi linaje seamos liberados de toda atadura resultante de nuestra participación en el nivel del Quinto Grado del mitraísmo.

También solicito un divorcio absoluto del falso dios Mitra y la ruptura de todo vínculo con este falso dios en cualquier representación que haya tenido, en cualquier momento y cualquier dimensión que haya ocurrido.

Pido que cada fragmento de mi alma o mi espíritu, cada parte capturada de mi ADN, o el de mi ascendencia, sea reunido y restaurado a mí y a mi linaje, incluyendo a todos los relacionados conmigo por sangre, matrimonio, adopción, pactos civiles o religiosos desde la mano del Padre hacia el futuro en mis generaciones hasta donde tenga que llegar.

Solicito la cancelación de toda transacción impía, y que se levante toda forma de impuesto sobre mí y mis linajes.

Solicito la cancelación de todo impacto y ramificación de las lealtades, pactos, juramentos, votos o dedicaciones al mitraísmo a través de este Quinto Grado, en el Nombre de Jesús.

Solicito mi liberación inmediata y la de mi familia, así como la de todos los miembros de mi linaje que han sido cautivos de estos falsos veredictos.

Pido la restauración completa de todos los traumas relacionados con los rituales participados en este grado.

Adicionalmente, solicito que todas estas acciones se apliquen a todas las personas relacionadas conmigo por sangre, matrimonio, adopción, pacto civil o religioso, desde la mano del Padre y hacia el futuro en mis generaciones hasta donde tengan que llegar, en el poderoso Nombre de Jesús.

Conclusión

Hoy me presento como representante de mi línea de sangre en Tu Corte. Solicito que el arrepentimiento por mi línea generacional sea registrado en todas las cortes pertinentes, sea usado en otros casos judiciales pertinentes y sea registrado en los Libros del Cielo para mí y mis generaciones. También solicito la liberación inmediata de las bendiciones del Señor que me han sido retenidas o perdidas debido a las conexiones con el mitraísmo, para mí y mis generaciones.

Le agradezco, Juez Justo, y a esta corte por escuchar mi arrepentimiento y mis peticiones en este día, y solicito estos registros hoy en las Cortes del Cielo, en el Nombre de Jesús

Hice esta oración el día _____ del _____.

Por _____

Instrucciones Adicionales

Ahora, mientras aguarda el veredicto, escuche atentamente las nuevas instrucciones que se le den. Una vez que se emita un veredicto favorable, sentirá un torrente de

paz en su ser. También puede experimentar otras manifestaciones a medida que las entidades anteriormente vinculadas a usted salgan de su vida. ¡Alégrese con gratitud por el nuevo nivel de libertad que experimentará!

Como acto profético, quite de su dedo el anillo de matrimonio simbólico y entrégueselo al ángel que le atiende. Retire también cualquier prenda de vestir litúrgica[12] asociada a este grado, entréguela al ángel para que se deshaga de ella.

También puede ser impulsado a proseguir más allá con su arrepentimiento. Siga la guía del Espíritu Santo mientras recorre los restantes escenarios de la sala de justicia relacionados con el mitraísmo.

---

[12] Prenda de vestir litúrgica— vestidos especiales usados en ritos ceremoniales. Puede incluir joyas o tocados especiales para la cabeza.

Capítulo 8
Sexto grado

Heliodromo, el corredor del Sol

En el Sexto Grado conocido como el Heliodromo, el grado del corredor del Sol, el participante se coloca bajo la protección del Sol. Los falsos dioses adorados son el Sol Invictus y Helios, mientras que los símbolos rituales son la antorcha, el carro, el látigo y las túnicas.

Caso en la corte

En el Nombre de Jesús, solicito acceso a la Corte de Apelaciones del Cielo.

Juez Justo, Yo [declare su nombre completo] me presento en nombre propio y en nombre de mi línea de sangre —pasada, presente y futura— todos los que están

relacionados a mi por medio de sangre, matrimonio, adopción, pacto civil o religioso.

También pido hoy que la nube de testigos esté presente en la corte.

Falsos Veredictos

Pido que los falsos veredictos emitidos en el grado de "Heliodromo el corredor del Sol," que es el Sexto Grado, sean anulados y reemplazados con veredictos justos a mi favor y en favor de mi descendencia, en el Nombre de Jesús.

Estos falsos veredictos son los siguientes:

La participación e iniciación en este Sexto Grado de "Heliodromo el corredor del Sol" es algo sagrado.

El culto al Sol y a Heliodromo es algo sagrado.

Es sagrado someterse a la autoridad de los principados y poderes de este grado, como el Sol Invictus, con rayos de sol saliendo de su cabeza.

Puedo utilizar los símbolos (la antorcha de luz, el carro, látigo y la túnica roja de Helios) para obtener poder sobre otros y ganar poder espiritual con la secta de Mitra. Esto es aceptable ante el Señor Dios de los Ejércitos.

El color rojo para representar el sol, el fuego y la sangre, es representativo de la realeza.

La comunión de la sangre de toro puede expiar mis pecados, junto al cadáver de toro sacrificado.

Arrepentimiento

Me arrepiento de la participación e iniciación en el Heliodromo, el grado del corredor del Sol, el Sexto Grado del mitraísmo con los oficios, títulos, vestimenta litúrgica, juramentos, votos y ritos de iniciación de este grado.

Me arrepiento de haber adorado al Sol, Sol Invictus, y de haber invocado a las entidades del anti Cristo representadas en este grado.

Me arrepiento de haberme sometido a los principados y potestades de este grado. Cristo es la verdadera cabeza y no hay otra mayor, Efesios 5:23 dice, "Cristo es cabeza de la iglesia, la cual es su cuerpo, y él es su Salvador." "...y Dios es la cabeza de Cristo ." (1 Corintios 11:3)

Me arrepiento en nombre propio y en el de mis generaciones por recibir el título y el cargo de "Heliodromo el Corredor del Sol".

Me arrepiento de haber participado y aceptado los títulos, cargos, juramentos, votos y ritos de iniciación del Sexto Grado del mitraísmo.

Me arrepiento de haber abrazado el falso veredicto de que la adoración del Sol y a Heliodromo es algo sagrado. Tu Palabra declara que no debo tener otros dioses fuera de Ti.

Me arrepiento de toda adoración al Sol, a Sol Invictus o a Helios de cualquier forma o manera, y de todas las transacciones impías realizados con estos falsos dioses.

Me arrepiento de someterme a Sol Invictus, Helios o al Sol de cualquier forma.

Me arrepiento de aceptar el falso veredicto que declara:

> *Puedo utilizar los símbolos (la antorcha de luz, el carro, látigo y la túnica roja de Helios) para obtener poder sobre otros y ganar poder espiritual con la secta de Mitra. Esto es aceptable ante el Señor Dios de los Ejércitos.*

Me arrepiento de haber usado la antorcha de luz como una extensión del Sol. Sólo hay una Luz del mundo y ésta es Jesús.

Me arrepiento de haber utilizado el carro y el látigo para simbolizar riqueza y poder ante los demás en la tierra. Mi Padre es dueño del ganado en mil colinas, así que no necesito impresionar a la gente cuando Él es dueño de cuanto existe de todas formas. Él es quien reparte y quien quita.

Me arrepiento de aceptar el falso veredicto que declara:

> *El color rojo para representar el sol, el fuego y la sangre, es representativo de la realeza.*

Me arrepiento de haber usado las túnicas rojas que simbolizan la sangre del toro. Sólo la Sangre de Cristo lava el pecado y, gracias a Él, yo y mi linaje formamos parte de un sacerdocio real.

Me arrepiento de estar de acuerdo con los falsos veredictos de que el rojo en las ceremonias mitraicas es un color real.

Me arrepiento de aceptar el falso veredicto que declara:

La comunión de la sangre de toro puede expiar mis pecados, junto al cadáver de toro sacrificado.

Me arrepiento del sacrificio ritual del toro y de haber bebido sangre de toro en una comunión impía.

Me arrepiento de haber comido carne sacrificada a las deidades de este nivel del mitraísmo. La verdadera comunión justa sólo tiene lugar con el Padre, el Hijo, el Espíritu Santo y yo y mi linaje nos dedicamos sólo a Ti, Jesús.

Me arrepiento de toda lealtad al mitraísmo y entrego toda la pertenencia a las órdenes de Mitra a Jesucristo.

* * * * *

También puede ser impulsado proseguir más allá con arrepentimiento. Siga la guía del Espíritu Santo mientras recorre los restantes escenarios de la sala de justicia relacionados con el mitraísmo.

Perdón

Perdono a aquellos agentes humanos de la oscuridad que idearon y formularon esta falsa religión sin tener en cuenta, o a pesar de, Tus santos mandamientos. Los perdono, bendigo y libero en el Nombre de Jesús. Perdono como he sido perdonado.

Perdono a todos los ancestros que me ataron a los pactos del mitraísmo en cualquier nivel, en cualquier momento, en cualquier dimensión. Los libero hoy de su culpa.

Pido perdón por cualquier acción que haya introducido un trauma en mí y en mi linaje. Pido que el trauma y el miedo sean eliminados, en el Nombre de Jesús.

Perdono a estos ancestros por introducir esta maldad en mi linaje y también perdono a aquellos que la perpetuaron a través de las generaciones.

Perdono, bendigo y libero a cada una de estas personas en el Nombre de Jesús.

Peticiones

Solicito que estos falsos veredictos sean anulados en las Cortes del Cielo en este día y reemplazados por veredictos justos, y que yo y mi linaje seamos liberados de toda atadura resultante de nuestra participación en el nivel del Sexto Grado del mitraísmo.

Solicito asistencia angelical para expulsar a todo espíritu maligno, espíritu inmundo, demonio, principado y entidad maligna que haya entrado en mi línea sanguínea por sangre, pacto matrimonial (civil o religioso o adopción) espíritu, alma y cuerpo durante este Sexto Grado de "Heliodromo el corredor del Sol". Para cada espíritu humano deambulante[13], pido que se abra el canal de plata, y que cada espíritu sea llevado a juicio con misericordia.

Solicito mi liberación inmediata y la de mi familia, así como la de todos los miembros de mi linaje que han sido cautivos de estos falsos veredictos.

Adicionalmente, solicito que todas estas acciones se apliquen a todas las personas relacionadas conmigo por sangre, matrimonio, adopción, pacto civil o religioso, desde la mano del Padre y hacia el futuro en mis generaciones hasta donde tengan que llegar, en el poderoso Nombre de Jesús.

Conclusión

Hoy, estoy de pie como representante de mi línea de sangre en Tu Corte. Solicito que el arrepentimiento de mi

---

[13] Véase Una explicación sencilla de los espíritus humanos deambulantes en el Apéndice.

linaje sea registrado en todos las cortes pertinentes, sea utilizado en otros casos judiciales pertinentes, y sea registrado en los libros del Cielo para mí y para mis generaciones. También solicito la liberación inmediata de las bendiciones del Señor que han sido retenidas o perdidas para mí y mis generaciones debido a las conexiones con el mitraísmo.

Le agradezco, Juez Justo, y a esta corte por escuchar mi arrepentimiento y mis peticiones en este día, y solicito estos registros hoy en las Cortes del Cielo, en el Nombre de Jesús

Hice esta oración el día _____ del _____.

Por _____

Instrucciones Adicionales

Ahora, mientras aguarda el veredicto, escuche atentamente las nuevas instrucciones que se le den. Una vez que se emita un veredicto favorable, sentirá un torrente de paz en su ser. También puede experimentar otras manifestaciones a medida que las entidades anteriormente vinculadas a usted salgan de su vida. ¡Alégrese con gratitud por el nuevo nivel de libertad que experimentará!

Como acto profético, quite de su dedo el anillo de matrimonio simbólico y entrégueselo al ángel que le atiende. Retire también cualquier prenda de vestir

litúrgica[14] asociada a este grado, entréguela al ángel para que se deshaga de ella.

También puede ser impulsado a proseguir más allá con su arrepentimiento. Siga la guía del Espíritu Santo mientras recorre los restantes escenarios de la sala de justicia relacionados con el mitraísmo.

---

[14] Prenda de vestir litúrgica— vestidos especiales usados en ritos ceremoniales. Puede incluir joyas o tocados especiales para la cabeza.

Capítulo 9
Séptimo grado

Pater, el Padre

Conocido como el Pater, el grado del Padre, en este Séptimo Grado (también el grado final), el participante se coloca bajo la protección del planeta Saturno. El falso dios adorado es Satanás, y los símbolos rituales eran la mitra, el cayado de pastor, el anillo de rubíes, el manto/ el capuchón y las elaboradas túnicas con incrustaciones de joyas e hilos metálicos.

Caso en la corte

En el Nombre de Jesús, solicito acceso a la Corte de Apelaciones del Cielo.

Juez Justo, Yo [declare su nombre completo] me presento en nombre propio y en nombre de mi línea de sangre —pasada, presente y futura— todos los que están relacionados a mi por medio de sangre, matrimonio, adopción, pacto civil o religioso.

También pido hoy que la nube de testigos esté presente en la corte.

Falsos Veredictos

Pido que los falsos veredictos emitidos en el grado de "Pater el Padre," que es el Séptimo Grado, sean anulados y reemplazados con veredictos justos a mi favor y en favor de mi descendencia, en el Nombre de Jesús.

Estos falsos veredictos son los siguientes:

> *La participación y la iniciación en este Séptimo Grado de "Pater el Padre" me convierte en representante de Mitra hecho hombre en la tierra y es algo sagrado.*
>
> *Representar a Pater, a Saturno (dios de la disolución, la riqueza, la agricultura y la libertad) y a Satanás es sagrado.*
>
> *Pater Patrum es el Padre de los Padres.*
>
> *Pater Sacrorum es el Padre de los Misterios.*
>
> *Pater Nominus es el Padre de la Conformidad a la Tradición.*
>
> *Es sagrado adorar a Pater y a Saturno (Satanás) y someterse a su autoridad en este grado, incluyendo el matrimonio y los pactos de sangre.*

Todas las ordenaciones, coronaciones, pecados sexuales y ritos de iniciación a cambio de riqueza, prestigio y poder espiritual son una práctica ejemplar.

Los sacrificios humanos y animales realizados en honor a las deidades de este nivel son sagrados.

Toda la parafernalia, la vestimenta litúrgica y los símbolos de este grado— la mitra, el bastón de pastor, el anillo de rubí, el manto/ el capuchón, las túnicas con incrustaciones de joyas y los hilos son regios y reales.

Solicito que estos falsos veredictos sean anulados en las Cortes del Cielo en este día y reemplazados por veredictos justos, y que yo, y mi linaje, seamos liberados de toda atadura resultante de mi participación en el nivel del Séptimo grado del mitraísmo.

Arrepentimiento

Me arrepiento de la participación e iniciación en Pater, el Padre, Séptimo Grado del mitraísmo con los oficios, títulos, vestimenta litúrgica, juramentos, votos y ritos de iniciación de este grado.

Me arrepiento por mi y mi linaje hayamos recibido el título y el oficio de "Pater, el Padre".

Me arrepiento de haber participado y aceptado los títulos, oficios, juramentos, votos y ritos de iniciación del Séptimo Grado del mitraísmo.

Me arrepiento de toda lealtad al mitraísmo y rindo a Jesucristo toda pertenencia a las órdenes de Mitra.

Me arrepiento de toda adoración a Saturno o a Satanás de cualquier forma o manera, y de todas las transacciones impías realizadas con estos falsos dioses.

Me arrepiento de aceptar el falso veredicto que declara:

> *La participación y la iniciación en este Séptimo Grado de "Pater el Padre" me convierte en representante de Mitra hecho hombre en la tierra y es algo sagrado.*

Me arrepiento en mi nombre y en el de mi linaje de recibir el título y oficio de "Pater el Padre".

Me arrepiento de haber participado y aceptado los títulos, oficios, juramentos, votos y ritos de iniciación del Séptimo Grado del mitraísmo, indicando que he llegado a la culminación.

Me arrepiento de aceptar el falso veredicto que declara:

> *Representar a Pater, a Saturno (dios de la disolución, la riqueza, la agricultura y la libertad) y a Satanás es sagrado.*
>
> *Pater Patrum es el Padre de los Padres.*
>
> *Pater Sacrorum es el Padre de los Misterios.*

Pater Nominus es el Padre de la Conformidad a la Tradición.

Me arrepiento de representar al "Pater Patrum el Padre de los Padres", al "Pater Sacrorum el Padre de los Misterios" y al "Pater Nominus el Padre de la Conformidad a la Tradición". Cada uno de ellos es un falso Abba Padre, un falso padre de los secretos y un falso padre de la tradición— ninguno de los cuales se acerca al GRAN YO SOY, que también es conocido como el Anciano de Días.

Me arrepiento de haber participado en una elaborada treta para engañar a los hombres y hacerles creer que pueden llegar a ser como Dios. Hay un solo Padre verdadero y, aunque en Tu Palabra se te llama con muchos nombres, el que siempre me habla es el GRAN YO SOY. Tú eres todo y en todo es que Tú creaste. Siempre estás creando; nunca te quedas estancado en la tradición. Revelas misterios si caminamos cerca de Ti. Esos dioses menores no se comparan contigo, no han hecho más que intentar brillar en Tu Luz. Tu Luz es demasiado brillante para falsificarla. Te adoro Padre— el Padre Supremo.

Me arrepiento de aceptar el falso veredicto que declara:

Es sagrado adorar a Pater y a Saturno (Satanás) y someterse a su autoridad en este grado, incluyendo el matrimonio y los pactos de sangre.

Me arrepiento de toda adoración al planeta Saturno, la deidad de Satanás y de Pater, y de la sumisión a su autoridad.

Me arrepiento de toda forma de adoración, pacto de sangre, ordenación y coronación a estos dioses paganos, así como de las transacciones impías que mi linaje y yo hicimos.

Me arrepiento de los pactos matrimoniales y de los encuentros sexuales con Pater, Saturno y Satanás.

Me arrepiento de haberme saturado a mí mismo y a mi linaje en la iniquidad y el pecado. Jesús lávanos con Tu Sangre. Pongo mi esperanza y confianza en ti Padre Dios, en ti Jesús y en ti Espíritu Santo.

Me arrepiento de aceptar el falso veredicto que declara:

> *Los sacrificios humanos y animales realizados en honor a las deidades de este nivel son sagrados.*

Me arrepiento de todos los sacrificios involucrados en este nivel. En la Palabra de Dios, en el Salmo 106:37-38 dice, "Sacrificaron sus hijos y sus hijas a los demonios, [38] Y derramaron la sangre inocente, la sangre de sus hijos y de sus hijas, Que ofrecieron en sacrificio a los ídolos de Canaán, Y la tierra fue contaminada con sangre."

El Salmo 106:44-48 declara, "Con todo, él miraba cuando estaban en angustia, Y oía su clamor; [45] Y se acordaba de su pacto con ellos, Y se arrepentía conforme a la muchedumbre de sus misericordias. ⁴⁶ Hizo asimismo que tuviesen de ellos misericordia todos los que los tenían cautivos. ⁴⁷ Sálvanos, Jehová Dios nuestro, Y recógenos de entre las naciones, Para que alabemos tu santo nombre, Para que nos gloriemos en tus alabanzas. ⁴⁸ Bendito Jehová Dios de Israel, Desde la eternidad y hasta la eternidad; Y diga todo el pueblo, "¡Amén!" Aleluya"

Me arrepiento de aceptar el falso veredicto que declara:

Toda la parafernalia, la vestimenta litúrgica y los símbolos de este grado— la mitra, el bastón de pastor, el anillo de rubí, el manto/ el capuchón, las túnicas con incrustaciones de joyas y los hilos son regios y reales.

Me arrepiento de haber honrado la parafernalia, la indumentaria y los símbolos de este grado. Tú, Señor Jesús, eres el buen pastor y no conduces con pompa y circunstancia.

Me arrepiento de la adoración de meros hombres que se alzaron ante nosotros, en nombre mío y de mis líneas generacionales. "Porque hay un solo Dios, y un solo mediador entre Dios y los hombres, Jesucristo hombre," (1 Timoteo 2:5)

Me arrepiento de adorar y celebrar a Tus creaciones, como la jerarquía en las iglesias, las personas, los animales, los insectos, los cuerpos celestes, yo mismo, los ángeles caídos, los seres híbridos y los falsos dioses.

Me arrepiento de cada altar impío construido en mi corazón por adorar tus creaciones.

* * * * *

También puede ser impulsado a proseguir más allá con su arrepentimiento. Siga la guía del Espíritu Santo aquí y mientras recorre los restantes escenarios de las cortes de justicia relacionados con el mitraísmo.

Perdón

Perdono a aquellos agentes humanos de la oscuridad que idearon y formularon esta falsa religión sin tener en cuenta, o a pesar de, Tus santos mandamientos. Los perdono, bendigo y libero en el Nombre de Jesús. Perdono como he sido perdonado.

Perdono a todos los ancestros que me ataron a los pactos del mitraísmo en cualquier nivel, en cualquier momento, en cualquier dimensión. Los libero hoy de su culpa.

Pido perdón por cualquier acción que haya introducido un trauma en mí y en mi linaje. Pido que el trauma y el miedo sean eliminados, en el Nombre de Jesús.

Perdono a estos ancestros por introducir esta maldad en mi linaje y también perdono a aquellos que la perpetuaron a través de las generaciones.

Perdono, bendigo y libero a cada una de estas personas en el Nombre de Jesús.

Peticiones

Solicito que estos falsos veredictos sean anulados en las Cortes del Cielo en este día y reemplazados por veredictos justos, y que yo y mi linaje seamos liberados de toda atadura resultante de nuestra participación en el nivel del Séptimo Grado del mitraísmo.

Solicito mi liberación inmediata y la de mi familia, así como la liberación inmediata de todos los miembros de mi línea generacional que han sido cautivos de estos falsos veredictos. Pido que mi ADN y el de mi familia sea restaurado al lugar de plenitud, vida y libertad que fue previsto en la creación. Que se reviertan todas las ramificaciones e impactos que los 7 grados del mitraísmo han tenido en mis generaciones —pasadas, presentes y futuras— espíritu, alma y cuerpo.

Pido que todos los lazos del alma y cualquier otro lazo impío sean cortados y destruidos en el Nombre de Jesús.

Adicionalmente, solicito que todas estas acciones se apliquen a todas las personas relacionadas conmigo por sangre, matrimonio, adopción, pacto civil o religioso, desde la mano del Padre y hacia el futuro en mis generaciones hasta donde tengan que llegar, en el poderoso Nombre de Jesús.

Conclusión

Hoy, estoy de pie como representante de mi línea de sangre en Tu Corte. Solicito que el arrepentimiento de mi linaje sea registrado en todos las cortes pertinentes, sea utilizado en otros casos judiciales pertinentes, y sea registrado en los libros del Cielo para mí y para mis generaciones. También solicito la liberación inmediata de las bendiciones del Señor que han sido retenidas o perdidas para mí y mis generaciones debido a las conexiones con el mitraísmo.

Le agradezco, Juez Justo, y a esta corte por escuchar mi arrepentimiento y mis peticiones en este día, y solicito estos registros hoy en las Cortes del Cielo, en el Nombre de Jesús

Hice esta oración el día _____del _____.

Por _____

Instrucciones Adicionales

Ahora, mientras aguarda el veredicto, escuche atentamente las nuevas instrucciones que se le den. Una vez que se emita un veredicto favorable, sentirá un torrente de paz en su ser. También puede experimentar otras

manifestaciones a medida que las entidades anteriormente vinculadas a usted salgan de su vida. ¡Alégrese con gratitud por el nuevo nivel de libertad que experimentará!

Como acto profético, quite de su dedo el anillo de matrimonio simbólico y entrégueselo al ángel que le atiende. Retire también cualquier prenda de vestir litúrgica[15] asociada a este grado, entréguela al ángel para que se deshaga de ella.

También puede ser impulsado a proseguir más allá con su arrepentimiento. Siga la guía del Espíritu Santo mientras recorre los restantes escenarios de la sala de justicia relacionados con el mitraísmo.

---

[15] Prenda de vestir litúrgica— vestidos especiales usados en ritos ceremoniales. Puede incluir joyas o tocados especiales para la cabeza.

Capítulo 10
Oración de Cierre

Juez Justo, Jesús y Espíritu Santo, nosotros (mi linaje y yo) te damos alabanza, honor y gloria en este día. Nos has liberado del mitraísmo por el Poder y la Fuerza de Tu Nombre. Gracias por la libertad, la sanidad y la liberación que me has dado en los últimos días. Gracias por ser un revelador de la verdad y un redentor de las masas. Gracias, Abba, por la victoria que has traído este día.

Salmo 91

¹ El que habita al abrigo del Altísimo
Morará bajo la sombra del Omnipotente.

² Diré yo a JEHOVÁ: Esperanza mía, y castillo mío;
Mi Dios, en quien confiaré.

³ El te librará del lazo del cazador,
De la peste destructora.

⁴ Con sus plumas te cubrirá,
Y debajo de sus alas estarás seguro;
Escudo y adarga es su verdad.

⁵ No temerás el terror nocturno,
Ni saeta que vuele de día,

⁶ Ni pestilencia que ande en oscuridad,
Ni mortandad que en medio del día destruya.

⁷ Caerán a tu lado mil,
Y diez mil a tu diestra;
Mas a ti no llegará.

⁸ Ciertamente con tus ojos mirarás
Y verás la recompensa de los impíos.

⁹ Porque has puesto a Jehová, que es mi esperanza,
Al Altísimo por tu habitación,

¹⁰ No te sobrevendrá mal,
Ni plaga tocará tu morada.

¹¹ Pues a sus ángeles mandará acerca de ti,
Que te guarden en todos tus caminos.

¹² En las manos te llevarán,
Para que tu pie no tropiece en piedra.

¹³ Sobre el león y el áspid pisarás;
Hollarás al cachorro del león y al dragón.

¹⁴ Por cuanto en mí ha puesto su amor, yo también lo libraré;
Le pondré en alto, por cuanto ha conocido mi nombre.

¹⁵ Me invocará, y yo le responderé;
Con él estaré yo en la angustia;
Lo libraré y le glorificaré.

¹⁶ Lo saciaré de larga vida,
Y le mostraré mi salvación.

Salmo 23

Adoración poética de David para Dios

¹ El Señor es mi mejor amigo y pastor.
Siempre tengo más que suficiente.

² Él me ofrece reposo en su suntuoso amor.
Sus huellas me llevan a un oasis de paz, al tranquilo arrollo de la dicha.

³ Ahí es donde él restaura y revive mi vida.
Él abre ante mi los senderos hacia el placer de Dios y me conduce por sus huellas de justicia.

⁴ Señor, aunque tu camino me lleve por el valle de la más profunda oscuridad, el miedo nunca me conquistará, porque tú ya lo has hecho.
Tú permaneces cerca de mi y me conduces por todo el camino. Tu autoridad es mi fuerza y mi paz.
Nunca me sentiré solo, porque tú estás cerca.

⁵ Te conviertes en mi delicioso festín incluso cuando mis enemigos se atreven a luchar.
Me unges con la fragancia de tu Espíritu Santo me das a beber de ti hasta que mi corazón rebosa.

⁶ Entonces, ¿por qué habría de temer el futuro? Porque tu bondad y tu amor me persiguen todos los días de mi vida. ¡Y después, cuando mi vida termine volveré a tu gloriosa presencia para estar siempre contigo! (Traducción al español de la Biblia TPT)

Capítulo 11

Instrucciones finales

El Espíritu Santo puede indicarle que repita todo o parte de este libro para efectuar la limpieza total de sus líneas generacionales de los vestigios del mitraísmo. Si es así, simplemente repita cada escenario de la sala como Él le indique.

Esta es una maravillosa oportunidad de liberación para usted y sus generaciones de esta malvada religión pagana. ¡Invierta el tiempo y el esfuerzo necesarios! Vea con sus ojos espirituales a sus ancestros mientras se liberan. Imagine el regocijo en el Cielo mientras todos en su linaje obtienen su libertad.

El catolicismo era la principal religión cristiana en la época que floreció con el mitraísmo, y por ello heredó muchas prácticas de éste. Algunas de estas tradiciones se tomaron prestadas de la iglesia católica durante la reforma protestante. De este modo, el mitraísmo ha afectado a la mayoría de las denominaciones cristianas, si no a todas, en un grado u otro.

Es muy probable que tal vez desee realizar arrepentimientos adicionales relacionados con el papel de la religión organizada en su vida o en la de sus antepasados.

Arrepiéntase de cualquier aceptación de dioses falsos, o la adoración de dioses falsos dentro de la iglesia o dentro de cualquier forma de religión— organizada o no, a sabiendas, o sin saberlo. En última instancia, la adoración de cualquier entidad que no sea el Señor Dios Jehová es la adoración de Lucifer.

Arrepiéntase de todos y cada uno de los casos en los que el hombre fue elevado al papel de divinidad y venerado como tal.

Arrepiéntase de besar la mano o las mejillas de los sacerdotes, obispos, pastores, u otros en autoridad— ya que esto fue usado como una transacción impía (transacción de ADN) para crear un sistema de comercio malvado en el cual usted es o fue la moneda. El propósito fue reforzar la lealtad al sacerdote como la última voz de Dios en su vida— esto va más allá de las Escrituras y creó ataduras impías.

Arrepiéntase de cualquier lealtad inicua a falsos dioses de distintas denominaciones, hecha a través del bautismo infantil. Usted o sus ancestros no fueron participantes conscientes cuando su lealtad fue asignada. Sus padres no le pidieron permiso.

Arrepiéntase de cualquier atadura impía creada a través del catecismo. Pida al Espíritu Santo que elimine de su mente y de su ADN todo falso dogma y opinión del hombre que haya abrazado a través del proceso del catecismo y la confirmación.

Hemos acogido muchas fiestas sin conocer sus orígenes y aceptamos mitos y enseñanzas que no son aceptables a Dios.

Estamos viviendo en un tiempo en el que las cosas que han estado ocultas para el Cuerpo de Cristo empiezan a ser reveladas. Alégrese de que nuevos niveles de libertad están disponibles para usted hoy, y resuelva hacer lo que sea necesario para que camine en la libertad que se le ofrece.

Estas ataduras no se detienen en la fe católica, sino que se encuentran en más de un nivel en prácticamente todas las corrientes denominacionales (e incluso no denominacionales). La corrupción y la infección de estas religiones fueron bastante profundas. Afortunadamente, lo que ha sido escondido al Cuerpo de Cristo está siendo revelado, y al ser revelado somos capaces de entrar en nuevos niveles de libertad.

Pida al Espíritu Santo que le revele cualquier otra práctica o tradición impía que haya creado esclavitud en su vida o en sus generaciones. Arrepiéntase en cuanto sea consciente del asunto y pida que sea restaurado de acuerdo con la voluntad y los propósitos de Dios para su vida y la de su familia. Pídale al Espíritu Santo que sea su principal maestro y lo lleve a toda verdad. Él lo hará con gusto.

Capítulo 12
La Corte de Restitución

Ahora que ha trabajado en el proceso de obtener la libertad de las garras del mitraísmo, necesita recuperar lo que ha perdido en manos del enemigo. El Cielo nos introdujo recientemente en la Corte de Restitución[16]. Esto es lo que nos enseñaron nuestros consejeros celestiales:

¿Qué le han robado?

Pregunte al Espíritu Santo: "¿De dónde me han robado?" El Cielo se alegra en devolver lo que se le ha quitado a los santos. A menudo, le han robado debido a los muros quebrantados que se correlacionan con las iniquidades de nuestros antepasados, pero habiendo trabajado a través de las iniquidades de la línea de sangre,

---

[16] Este capítulo ha sido tomado de mi libro, *Cómo trabajar con los ángeles en los ámbitos del Cielo* (LifeSpring Publishing (2020)).

ahora puede abordar al Cielo con respecto al robo de su ámbito, su destino[17].

¿Dónde siente que le han robado? Cuando a USTED le han robado, Satanás también le robó a Reino de los Cielos. Tiene que sentir un cierto grado de indignación ante el enemigo por haber sido robado, con la comprensión de que lo que está percibiendo es que el enemigo ha robado del propio Reino. Al Cielo le da un gran placer devolver a los santos lo que ha sido robado.

Robado de las generaciones anteriores

Esto también incluye lo que ha sido robado en generaciones anteriores. Muchos santos no vienen a pedir lo que ha sido robado a sus antepasados, pensando sólo en la generación actual o en su vida actual; pero Jehová siempre está de humor para liberar lo que ha sido robado de las generaciones anteriores. Comparezca en las Cortes del Cielo para pedir lo que puede ser reclamado en la Corte de Restitución. No se presente allí sólo una vez, sino que vuelva una y otra vez. En la Corte de Restitución se da tanto consejo como adjudicación, en relación con muchas pérdidas percibidas por una gran cantidad de generaciones.

---

[17] No quiero dar a entender que por el mero hecho de pasar por este libro ya está todo solucionado. Usted puede tener aún mucho que hacer en relación con la limpieza generacional. Este libro es un paso vital para reclamar lo que se perdió ante el enemigo y es de vital importancia para usted. Por favor, continúe el trabajo por sus generaciones.

Sin embargo, un viaje a la Corte de Restitución no es un acuerdo de carta blanca en el que puede pedir que le devuelvan todo lo que ha perdido a manos del enemigo. Es vital que escuche el consejo del Cielo y solicite sólo lo que la corte le recomiende solicitar. Se le permitirá regresar una y otra vez según sea necesario. Si usted fuera a recuperar todo lo que le han robado a usted o a sus generaciones de una sola vez, usted sería como los muchos ganadores de la lotería que son ricos en un día y están en la bancarrota en dos o tres años porque no supieron manejar las riquezas que les llegaron. Debemos aprender a ser administradores de lo que se pone en nuestras manos. Tenga paciencia con el Cielo. El Cielo quiere que todo se le restituya, pero también confíe en la sabiduría del Cielo en el proceso de restauración.

¡Sea el elegido!

Sea la persona de entre sus generaciones que inicie la restauración de todas las cosas. Esto le producirá un gran gozo. Muchos viven en la carencia debido a la condición de pobreza generacional. Sea el encargado en sus generaciones de revertir la maldición, utilizando la Corte de Restitución, con el fin de resolver para su línea generacional muchas cosas que aún les afectan. Esto no es sólo riqueza. Esto es flujo creativo, salvaciones, nuevos libros y nuevos pergaminos. Cualquier asunto que haya sido bloqueado por la iniquidad o el pecado. A medida en que su línea generacional es limpiada y purificada por la Sangre de Jesús, puede tener esperanza en la habilidad para presentarse legítimamente ante la Corte de Restitución, para recibir el restablecimiento de lo que estaba bloqueado.

Muchos recursos le han sido bloqueados por los acontecimientos actuales, así que acuda a las cortes y saque provecho de la Corte de Restitución. Que no se diga en el Cielo que no hemos venido a pedir. Este es el gozo por el cual el Señor murió en la cruz.

¡Recupéralo TODO!

Hay una forma de recuperarlo todo, pero muchos no lo han hecho desde el ámbito judicial. Lo han intentado a través de peticiones y súplicas, pero no han comparecido ante la corte.

¿Pidió el consejo de la corte?

¿Qué puede solicitar a la corte, sea grande o pequeño?

He aquí una pista. Recuerde que usted no conoce todas las cosas, por lo tanto, en ciertas instancias, ¿cómo podría saber qué pedir? Espere el consejo del Espíritu Santo y pida el consejo de la corte, ya que todas las cosas son hechas en el momento preciso.

Por la bondad y la gracia de Dios y por lo que se avecina, si no se presenta allí en la Corte de Restitución para comenzar el proceso, nunca podrá recibir lo que está destinado a volver a usted.

¿Nos hemos insensibilizado ante la pérdida?

Nos hemos insensibilizado ante la pérdida. El robo de Satanás ha existido durante tanto tiempo en la tierra que la humanidad lo ha soportado y, en cierta medida, ha aceptado su pérdida. Este nunca fue el plan del Padre. No tenemos ni idea de lo oportuna que es la comprensión de esta oportunidad.

Pida al Espíritu Santo que le dé la gracia de NO insensibilizarse ante la pérdida cuando entre a las cortes a reclamar lo que el enemigo le robó.

En su futuro:

- Veo abundancia de oro.
- Veo abundancia de hierbas, plantas y el crecimiento de muchas cosas.
- Veo abundancia de elementos orientados al transporte.
- Veo muchos de calendarios, relojes y cronómetros.
- Veo abundancia de lo que puede describirse como fuentes.
- Veo redes de mariposas, redes de pesca y redes de cosecha.

Estas son las cosas que esperan ser reclamadas a través del trabajo en las cortes.

Capítulo 13
Saqueando el campamento del enemigo

Mientras recupera lo que el enemigo robó utilizando la Corte de Restitución[18], el Cielo tiene otra opción de restauración para los hijos e hijas de Dios. Tomado de mi libro, *Cómo trabajar con los ángeles en los ámbitos del Cielo*, esta instrucción es útil y alentadora. Esto es lo que el Cielo tiene que decir:

> "La provisión está siendo liberada, pero los bancos[19] de provisión necesitan protección. Esta provisión proviene de los almacenes del Padre. La entrega de la provisión tiene un componente de tiempo también, por lo que la entrega y el tiempo también necesitan ser protegidos."

---

[18] Este capítulo está tomado de mi libro, *Cómo trabajar con los ángeles en los ámbitos del Cielo* (LifeSpring Publishing (2020)).

[19] Los bancos que llevan la provisión.

> *Comisionamos y encargamos a nuestro(s) ángel(es) y a sus filas que protejan la provisión que nos llega, y la protejan su camino. Aseguren que todo lo que me ha sido liberado se manifieste en mi vida.*

Preguntamos, "¿Se necesitan armas específicas para esto?"

En nuestra situación sabíamos que ellos tenían mapas, pero pidió algo que se llama postes guía. Estos son reconocidos por los ángeles. En la tierra tenemos señales de tráfico en las vías públicas. Los ángeles tienen postes guía y conocen las marcas de los postes guía. Hicimos la petición al Padre y el Cielo continuó en nuestra instrucción.

El Cielo nos dijo que debemos empezar a pensar en términos de ofensiva, no de defensa, con respecto a la provisión que el Padre tiene para nosotros. Ezequiel estaba sugiriendo una postura ofensiva. Él explicó, "Hay una provisión que viene basada en su generosidad, sus ofrendas, y su obediencia dentro del territorio que es suyo— el territorio del ministerio, donde usted sabe que tiene cosecha. Es bueno asegurarse de que esté protegido".

La defensa sería cuando vamos a la Corte de Restitución y recuperamos lo que el enemigo ha robado, pero las medidas ofensivas son para la provisión que debe ser liberada. Esto viene por la fe que tiene en que va a recibir la provisión y la está esperando. Ha hecho retiros del departamento de Finanzas, ha sembrado en obediencia y ha pedido la provisión. Es una postura ofensiva de protección sobre la prosperidad venidera, sobre la liberación de las ganancias y otros asuntos similares. Tenemos que aprender a proteger lo que es nuestro ofensivamente.

Lluvia del cielo

Le pedimos a Lydia (nuestra asesora comercial en el ámbito del Cielo) que nos ayudara a entender.

Comenzó explicando: "No es tan difícil como creen. Imaginen que la provisión es como la lluvia del cielo. La lluvia desciende, y ustedes deben colocar sus recipientes para recibirla. ¿Qué sucede entre el momento en que sale de las nubes y termina en el recipiente? Ese es período el que hay que proteger.

Por lo tanto, necesitamos encargar a nuestro(s) ángel(es) y a sus filas una guerra ofensiva y agresiva contra el robo o potencial robo, del descarrilamiento, la captura o desvío de la lluvia de provisión liberada por Padre al ministerio. Esto define una comisión para nuestros ángeles. Ezequiel[20] tiene mapas que usa para esto, ya que instruye a sus filas a tomar una posición ofensiva, no sólo defensiva.

---

[20] Ezequiel es el Ángel Principal de nuestro ministerio. Regularmente le pedimos que nos dé su sabiduría y su opinión.

> *Hay una diferencia entre sólo pedir a las filas de los ángeles que protejan los recursos, también se les pide que los saqueen.*

Las tropas celestiales no buscan intencionalmente una lucha con el enemigo, porque saben de quiénes son y saben que la batalla ya está ganada, pero cuando hay una confrontación y el enemigo hace un ataque, normalmente colocamos a nuestros ángeles para defender lo que es nuestro, pero...

> *Ahora también los comisionamos para que no sólo defiendan lo que es nuestro, sino para que saqueen el campamento del enemigo.*

¿Usted no querría eso? Saquear es hacer que Satanás pague cuando provoca la pelea, y pierde.

> *Siempre debemos conseguir que el enemigo pague por lo que hizo saqueando su campamento.*

No piense en el campamento como algo singular, piense en los muchos campamentos en donde le ha atacado el enemigo: a su campamento personal, a sus clientes, en las líneas de comunicación y en la provisión. Libere a sus ángeles para que guerreen defensivamente, pero **también** ofensivamente, para saquear el campamento del enemigo y recuperar lo que pertenece al Reino de Dios. Esta sería una actividad bélica para la cual Ezequiel está bien equipado. En ese momento, Ezequiel estaba demostrando su aseveración y su actitud de "no puedo esperar".

Lidia mostró un saco de oro y dijo que todo el oro y toda la plata es del Padre (Hageo 2:8). Ella explicó lo siguiente, "El enemigo ha recogido el oro durante eones, a través de diversos medios y por diversas vías, pero ahora es el momento de liberar a sus ángeles para que saqueen los campamentos del enemigo y recuperen el oro."

¿Puede apreciar la diferencia que existe aquí en la Corte de Restitución donde se utilizan los medios legales? También puede liberar la actividad angelical para saquear el campo del enemigo. Por lo tanto, donde el enemigo ha robado a las personas, que ni siquiera saben cómo recuperarlo,

---
el Cielo está diciendo que el oro puede ser recuperado por cualquiera que lo desee.

La meta del Padre es que usted recupere su porción, pero si la recupera, el crédito es suyo por su acción al liberar a los ángeles para hacer la tarea, **sin importar quién la haya perdido**. El oro sigue siendo de Dios, pero alguien tiene que recuperarlo. Esto corresponde a los santos maduros de Dios que entienden los caminos de

Jehová y que ya están operando en obediencia como verdaderos hijos.

Pedimos que nos entrenaran en este proceso y se nos dijo:

Es como una comisión en la que encargamos a Ezequiel y sus filas para que podamos capturar lo que ha sido robado del enemigo. El cielo quiere devolvernos las cosas que nos han robado— no sólo a nosotros, sino a los que ministramos, a los que están asociados al ministerio, a sus familias, a su futuro (o a su pasado). En cada campo, estamos saqueando para recuperar todo lo que ha sido robado en el Nombre de Jesús.

Preguntamos, "Cuando los ángeles recuperan la recompensa, ¿cuál es su distribución?"

Vuelve al que lo pide. Vea a sus ángeles como poderosos guerreros.

Sus ángeles pueden tomar lo que le pertenece, pero también pueden tomar todo aquello que encuentren disponible.

Si saquea un campamento enemigo y ve un objeto que le fue quitado a alguien que conoce, puede decir: "Iré a buscar ese objeto. Veo donde el enemigo se llevó toda esta habitación llena de tesoros del reino de Dios, así que reclamo eso también". Eso es el saqueo del campamento del enemigo.

Realmente no necesitamos entender o ver la distribución. Simplemente lo experimentaremos. Nos limitaremos a hacerlo y a ver qué ocurre.

Cómo hablar con su(s) ángel(es):

> *"Te comisionamos para ir a tu posición defensiva en protección de la provisión que viene al ministerio, y también te comisionamos a ti y a tus filas a tu posición ofensiva. Te comisionamos a saquear ofensivamente el campamento del enemigo, recuperar lo que ha sido robado y devolverlo a donde debe ir, en el Nombre de Jesús."*

Si usted es un ciudadano del Reino y éste ha sido saqueado, puede soltar a las huestes angelicales para recuperar lo que el Reino ha perdido, sea suyo o no. Este es su derecho. Aunque tiene derecho a ello, a la vez está operando como embajador del Reino, a fin de recuperar lo que le pertenece a este Reino para que el Rey determine lo que hará con ello. El Cielo desea recuperar el botín, pero necesita hijos que se tomen su lugar y se encarguen de saquear el campamento del enemigo. Así que, Santos—¡tomen su lugar!

Capítulo 14
Conclusión

¿Ha terminado? No necesariamente. El proceso de limpieza de nuestra línea generacional es exactamente eso: un proceso, y no ha terminado simplemente porque leímos un libro o hicimos algunas oraciones. Sin embargo, el esfuerzo invertido en trabajar con este libro requirió cierta diligencia y compromiso. Le felicito por haber completado el proceso. Es posible que en el futuro, el Espíritu Santo le haga retomar este libro y volver a los escenarios de las cortes. Tal vez no tenga que hacerlo para todos los niveles de grados. Puede ser que algunos niveles tengan más impacto personal que otros. No se desanime. La libertad para usted y sus generaciones vale todo el esfuerzo.

Ore en el Espíritu

Si ora en el espíritu, esa sería una buena manera de sintonizar su espíritu con los ámbitos del Cielo. Proporcionará una agitación dentro de su espíritu que le ayudará mientras se reajusta a su vida después de las influencias del mitraísmo.

Aprenda a poseer el ámbito de su esfera

Su esfera es el ámbito en donde ejerce dominio o influencia. Poseer la esfera de su vida es un proceso de aprendizaje. Usted es un ámbito o esfera en sí mismo y, sin embargo, un individuo se compone de muchas esferas. El espíritu de una persona es una esfera, su alma es una esfera, su cuerpo es otra esfera. Su familia constituye una esfera. El negocio o el empleo de una persona es una esfera. Dentro de estas esferas hay otras dimensiones de esferas.

Aprender a poseer su esfera significa reconocer lo que hay en su ámbito de dominio que debe ser expulsado, y reconocer lo que debe entrar. Es aprender cómo necesita ser llenado de los recursos del Cielo, cómo permanecer lleno, y cómo los ángeles ayudan y trabajan en ese proceso. También es aprender a invitar a que las características y cualidades del Padre entren a su dimensión. Usted querrá el fruto del Espíritu en su esfera, y podrá experimentarlo al someter tanto su esfera como los campos dentro de su esfera a la obra del Espíritu Santo.

En su esfera general, varios de sus campos están más vinculados con su humanidad que otros. Por ejemplo, su alma es un campo dentro de su esfera general, y ésta le ayuda a definir su personalidad, sus emociones, su intelecto y más. Cuando aprendemos a pensar en nosotros mismos en términos de esferas, empezamos a determinar nuestra habilidad de cambio. Ahora bien, todo esto depende de su deseo, de su intención y de su elección.

El entendimiento de las esferas, cómo poseerlas y dar a sus ángeles el encargo de guardarlas es algo que el enemigo ha conocido por mucho tiempo, y ha usado a gente malvada para bloquearlo. Si él no lograba bloquear ese entendimiento en una persona, lo robaba. Él robaría su esfera llenándolo con el enemigo mismo. Usted leyó en el capítulo anterior acerca de comisionar a su(s) ángel(es) para saquear, pero necesita hacer más que eso. Necesita comisionarlos para proteger el ámbito de sus esferas, sus puertas[21] y sus puentes[22]. (Hablo de esto en mi libro *Cómo trabajar con los ángeles en los ámbitos del Cielo*). Simplemente llame a su ángel y dígale algo parecido a esto:

> *Llamo a mi ángel para que se acerque y le encargo que guarde los ámbitos de mis esferas, puertas y puentes. Permite en ellas sólo lo que está escrito en mi registro y elimina cualquier cosa dentro de mis esferas, puertas o puentes que no sean parte del destino del Padre para mi vida, también te encargo que limpies mis esferas de todos los desechos espirituales resultantes del trabajo que se ha hecho en la corte con*

---

[21] Las puertas son puntos de acceso a su esfera. Sus ojos y sus oídos son puntos de acceso entre muchos otros.

[22] Los puentes son los caminos hacia otras esferas, como en las relaciones.

respecto al mitraísmo. Te encomiendo esto en el Nombre de Jesús.

Invite a Jesús a su esfera

Los que están en el Hijo, en Jesús, lo primero que hacen es invitarlo a su esfera. Ustedes han conocido esto desde una perspectiva llamada salvación, y el efecto es algo similar. Está invitando al Dios vivo en representación de Sí mismo como su hijo Jesús a que se instale en su esfera. Solo tiene que invitar a Jesús a su esfera en general por medio de las palabras de su boca. En todas estas instrucciones asegúrese de hablar en voz alta los encargos e invitaciones. Es necesario para la activación.

Active su espíritu

Querrá activar a su espíritu y darle instrucciones para que ayude a su alma a ajustarse y a sanar de las influencias a las que ha estado sometida.

Practique su visión espiritual

A menudo nuestra vista espiritual ha sido afectada por los juramentos y pactos hechos en el mitraísmo. Ahora que los velos han sido removidos, necesitará comenzar a practicar su visión con sus ojos espirituales. (Ver mi libro *Libere su visón espiritual* para más consejos sobre este tema).

Escriba un diario

El Dr. Mark Virkler ha escrito extensamente sobre este tema a lo largo de los años. Es su enseñanza principal, y ha ayudado a miles de creyentes enseñándoles a escuchar y registrar lo que el Cielo les está diciendo de forma continua. Su sitio web[23] tiene una gran variedad de material que le enseñarán a llevar un diario guiado por el espíritu. Resumiré su enseñanza aquí porque es una disciplina vital para que aprenda a maximizar el Cielo en su vida.

1. **Silencio:** Aprenda a guardar silencio para sintonizarse con el Cielo.
2. **Concéntrese en Jesús:** no nos interesa escuchar a nadie más fuera del Cielo; ¡no están invitados a la fiesta!
3. **Sintonícese con el fluir del Espíritu dentro de usted:** El Espíritu Santo fluye a través de nuestro espíritu como un río. Podemos aprender a sintonizarnos con ese movimiento y escuchar lo que el Cielo está diciendo.
4. **¡Escríbalo!:** Comience a anotar lo que está escuchando o percibiendo. Usted puede revisarlo cuando termine de escuchar al Cielo. No se preocupe por la estética de lo escrito en la página.

---

[23] www.cwgministries.org (Communion with God Ministries)

Sólo anótelo, ya sea escrito a mano, dibujado o mecanografiado, ¡solo anótelo![24]

Resuelva la Masonería en su linaje

Otra infame falsa religión que afecta a una gran parte de la población del planeta es la Masonería. Si usted es de ascendencia europea, es probable que tenga Masonería en sus antecedentes. Si usted es de ascendencia negra y sus ancestros fueron esclavos, hay una fuerte probabilidad de que los dueños de esclavos fueran masones, y por lo tanto, su linaje haya sido afectado. Si usted es de ascendencia hispana, entonces es probable que tenga que lidiar con cuestiones aztecas, incas o mayas. Si es de ascendencia oriental, típicamente esas culturas también tenían su versión de la Masonería. Otras culturas tenían diversas versiones, pero todo se reduce a la adoración profana de otros dioses, y todos necesitamos ser libres.

Mi libro *Cómo anular los falsos veredictos de la Masonería* le ayudará a liberarse de la Masonería en su vida y en su linaje. Puede que haya orado oraciones de renuncia, pero mi libro va más allá de la simple renuncia a la Masonería. Le ayudará a lidiar con los falsos veredictos que dan poder a cada nivel de grado de la Masonería para que pueda ser verdaderamente libre. Está elaborado de forma similar a este libro y ha ayudado a

---

[24] En CourtsNet.com encontrará un vídeo que le ayudará en este proceso.

cientos, si no a miles, a obtener nuevos niveles de libertad en su vida.

Aprenda el poder de los bonos espirituales

En mi libro *Liberando bonos en las Cortes del Cielo* explico el poder de los bonos espirituales. Un aspecto poco conocido para la Esposa de Cristo es el poder que los bonos celestiales pueden tener en la vida. Mi libro le enseñará cómo hacer que funcionen en su vida. También aprenderá como eliminar los bonos impíos de su vida. Los bonos impíos son como las cadenas que le atan a algo en algún lugar de su vida. Aprenda cómo lidiar con ellos para que pueda vivir libre, en la manera en que el Cielo lo ha diseñado para usted.

Es nuestra oración por usted que experimente libertad en niveles nunca antes vividos. Pedimos para usted bonos[25] de libertad absoluta de toda atadura, bonos de paz, y bonos de esperanza, en el Nombre de Jesús.

A medida que avance, experimentará una ligereza y una libertad que nunca antes había sentido. Su alma se reacomodará a la nueva atmósfera de su vida ahora que ha lidiado con los vestigios del mitraísmo y su impacto en su vida. Envíenos sus testimonios de libertad y el impacto que ha tenido en su vida. Nos alegrará saber de usted.

---

[25] Para aprender sobre los bonos espirituales, vea mi libro *Liberando bonos en las Cortes del Cielo*.

Bendiciones para usted de esperanza, revelación, libertad y gran gozo, en el Nombre de Jesús.

Obras citadas

Crabtree, V. (2017). *Mithraism and Early Christianity*. Tomado de Mithraism and Early Christianity: http://www.vexen.co.uk/religion/mithraism.html

Apéndice A

Una corta explicación de los espíritus humanos deambulantes

Hace poco alguien me preguntó sobre este tema porque le habían dicho que yo había dicho algo que en realidad, no había dicho. Intento ser increíblemente cuidadoso con lo que hablo, y algunas palabras no las uso para minimizar la confusión. Sin embargo, al igual que el juego infantil en el que una persona susurra algo al oído de la que está a su lado, y esa persona hace lo mismo con la que está a su lado hasta que da la vuelta a toda la habitación, inevitablemente, lo que oye la última persona no se parece en nada al mensaje original. A continuación se ofrece una breve explicación sobre los EHD[26] que puede resultarle útil. Esto es lo que he escrito:

Pensé en tratar de aclarar sus preocupaciones sobre lo que yo llamo espíritus humanos deambulantes que tratamos en su sesión. El versículo[27] que usted mencionó no es doctrina y no incluye o excluye un marco de tiempo entre los dos eventos— la muerte y el juicio. Tampoco lo es el versículo "estar ausente del cuerpo es estar presentes al Señor"[28]— que era la anticipación de Pablo. Como creyentes podemos esperar pasar inmediatamente al Cielo, pero no todos los que mueren están listos para comenzar la eternidad y dudan en dar ese paso, por lo tanto el espíritu vaga buscando descanso o un lugar de reposo. El espíritu incrédulo ciertamente no quiere entrar en su eternidad, y hará todo lo que esté a su alcance para permanecer en este ámbito, incluso si esto implica vagar en el lugares secos. Los que mueren en una batalla pueden estar resueltos a morir, pero normalmente esperan no morir. Aquellos cuya muerte es por asesinato o genocidio no estaban deseando morir, pero fue forzado sobre sus cuerpos. Estos espíritus vagan buscando el descanso como Jesús habló en Mateo 12:43-45 (también en Lucas 11). Entienda que el uso de la palabra "espíritu inmundo" era para diferenciar entre ellos y el Espíritu Santo. También

---

[26] EHD = Espíritu Humano Deambulante

[27] Hebreos 9:27 Y de la manera que está establecido para los hombres que mueran una sola vez, y después de esto el juicio.

[28] 2 Corintios 5:8

era una referencia a que el espíritu era ceremonialmente impuro según la tradición judía. Los judíos tenían todo un proceso de preparación para el entierro (recuerde la muerte de Jesús y las mujeres que trajeron especias para preparar el cuerpo de Jesús para el entierro).

El pasaje de la Escrituras de Mateo 12 fue mal traducido, lo cual es en parte la razón por la que siempre pensamos que se refería a los demonios. Los espíritus inmundos no son demonios. Apocalipsis 18:3 también señala esto. Hay más que decir, pero esto debería resumirlo para usted. Tener de cerca un espíritu humano deambulante por lo general no es algo malvado; ellos simplemente están buscando un cuerpo para vivir su destino, y debido a que su cuerpo ya no está disponible, se adhieren a su vida. Esto es especialmente común cuando los bebés mueren— no quieren dejar a su mamá. Liberarlos para que vayan Cielo es algo sencillo, como usted lo experimentó el otro día. ¡Ellos también tienen un destino en el Cielo! Nosotros sólo les ayudamos a comenzarlo.

Una vez que se discierne la presencia de un EHD, solo tiene que pedirle que se acerque para ayudarlo en su transición hacia su eternidad. Nuestro Padre celestial desea poblar el Cielo, no el infierno. Hable con el EHD y dígale que es el momento de entrar en su eternidad. Recuérdele que puede invocar la misericordia del Señor cuando esté ante Él. Invite a los ángeles a que le ayuden en este proceso. Luego, abra el canal de plata[29] que le permite entrar en el Cielo para presentarse ante el Padre.

Una vez que haya hecho la transición, cierre el canal de plata diciendo: "Ahora cierro el canal de plata, en el Nombre de Jesús." De esta manera ayudó a estos espíritus deambulantes a comenzar su destino en el Cielo.

Para una explicación más completa, véase mi libro, Espíritus humanos deambulantes, disponible en tapa blanda, PDF y Kindle:

www.courtsofheaven.net/store

---

[29] El canal de plata es un portal para que los espíritus hagan la transición desde donde están hacia la eternidad.

Un Testimonio

Este es el testimonio de uno de nuestros estudiantes después de haber pasado por los escenarios de la corte de justicia, desarrollados en este libro para ser libres del mitraísmo.

Al entrar al Cuarto Grado, volví a convocar a mis líneas generacionales. Cuando llegó el cuarto veredicto, esta vez sucedió algo muy diferente a las otras veces. Jesús se entró caminando hasta el centro de la sala, y a todos nos entregaron los elementos para la comunión. Pude ver las marcas de los clavos en sus manos y pies mientras pasaba Jesús delante de mí, incluso vi su costado perforado. Todas mis generaciones presentes la sala en participaron de la comunión, todos adoramos a Jesús y luego empezamos a cantar "vengan todos los fieles". Sentí que tenía que hacer la comunión también en lo natural. Después de esto, subí a hacer la comunión para celebrar nuestra libertad. Para dar testimonio de que esto se manifestaba realmente en la tierra, necesité incluir lo siguiente:

Cuando subí las escaleras después de 2 horas de pasar por estos arrepentimientos, mi hijastro de 10 años (que normalmente no quiere participar en la iglesia o en la lectura de la Biblia, etc.) se acercó corriendo y dijo: "¿Podemos hacer la comunión?" Entonces mi otro hijastro y mi hijo de 3 años también quisieron hacerlo, junto con el "Kiddush" (bendiciones hebreas antes de tomar el vino). Me quedé asombrado de cómo el Señor estaba liberando a estos niños. Tomamos la comunión juntos. Mi hijastro incluso quiso explicar la importancia de la Matzah y el jugo de uva como el cuerpo y la sangre de Cristo y yo les expliqué la importancia del pacto que hizo Jesús. Esto para mí y mi esposa fue nada menos que milagroso, ¡alabado sea Dios!

– JF

* * * * *

Después de recibir las instrucciones pertinentes y una guía edificante, ¡comencé mi libertad del mitraísmo! Encargué a mis ángeles que trabajaran con Ezequiel (el ángel del Ministerio), sus comandantes y sus filas. Me puse la armadura de Dios (de Efesios 6: 13-17), y en unos pocos pasos, la náusea que había experimentado previamente al intentar el primer patrón de oración desapareció totalmente. Continué avanzando en los siete grados y lo sellé tomando la Sagrada Comunión. Cada vez que entraba en la sala de audiencias había más gente presenciando lo que estaba ocurriendo; podía ver a muchos de mis antepasados siendo liberados. Fue un momento glorioso y alegre. ¡Gloria a Dios! Me invadió una profunda sensación de paz y alegría. Era tarde en la noche cuando terminé y déjenme decirles que me desperté a la mañana siguiente con energía y en lo que parecía una familia diferente.

A la mañana siguiente vi la transformación en mi familia. Mi marido, que se había ido a la cama triste, frustrado y desmotivado (debido a algunos problemas en el trabajo) se despertó con una actitud totalmente diferente. Parecía rejuvenecido. Oramos juntos y pude volver a ver al marido con el que me había casado.

Antes de salir a trabajar, entré en la habitación de mi hijo menor para despedirme. Para mi sorpresa, lo encontré ya duchado y con energía, listo para empezar el día, algo que no había sucedido en mucho tiempo. También tenía una actitud renovada. Vi estos milagros justo en mi casa; el fruto de la libertad fue inmediato, ¡y aún no he ido a la Corte de Restitución!

Que Dios los bendiga a todos por su tiempo y paciencia en guiarnos a través de la libertad del mitraísmo.

Bendiciones,

Carleen

Descripción

El Cuerpo de Cristo está despertando al entendimiento de la magnitud con la que el paganismo se ha entrelazado con el cristianismo a lo largo de los siglos. Muchas tradiciones y enseñanzas que aceptamos como parte del cristianismo han sido, tras un análisis más detallado, tomadas de antiguas religiones paganas. Estas conexiones espirituales con entidades paganas están creando ataduras innecesarias en el Cuerpo de Cristo.

La falsa religión del mitraísmo ha sido un factor importante en el mundo, pero su papel se ha mantenido oculto en gran medida. *Sea libre del mitraísmo* le ayudará a cancelar los falsos veredictos que están impactando su vida y la de sus generaciones a causa de esta religión pagana, y le llevará a nuevos lugares de libertad. La mayoría de los movimientos religiosos han sido impactados por el mitraísmo. ¡Es hora de ser libres!

Esta edición incluye información e instrucciones adicionales.

Sobre el Autor

El Dr. Ron Horner es un comunicador y autor bestseller de más de veinte libros sobre los temas de las Cortes del Cielo y la interacción con las Esferas del Cielo. Enseña a través de clases semanales, programas de formación, seminarios y conferencias.

Ron es el fundador de LifeSpring International Ministries, que sirve para abogar por los individuos y las empresas en las Cortes del Cielo. También es el fundador de Business Advocate Services, una empresa de consultoría mundial (BASGlobal.net).

Otros libros escritos por el Dr. Ron M. Horner

Construya su negocio desde el Cielo

Construya su negocio desde el Cielo 2.0

Cooperando con la gloria

Cómo trabajar con los ángeles en los ámbitos del Cielo

Cómo interactuar con el Cielo para obtener revelación – Volumen 1

Cómo proceder en la corte de propiedades y orden

Cómo proceder en las cortes para su ciudad (Tapa blanda, Guía del líder y libro de trabajo)

Cómo proceder en la corte de sanidad y en el jardín de sanidad

Cómo proceder en las cortes del cielo

Cómo proceder en el centro de asistencia de las cortes del cielo

Cómo proceder en la corte celestial de misericordia

Las cuatro llaves para anular las acusaciones

¡Hagamos las cosas bien! Reconsiderando la forma de ver el cuerpo de Cristo

Espíritu humanos deambulantes

Cómo anular los falsos veredictos de la Masonería

Cómo anular los veredictos de las cortes del infierno

Liberando bonos en las cortes del Cielo

Tablas de proceso en las cortes del Cielo

Libere su visión espiritual

www.ingramcontent.com/pod-product-compliance
Lightning Source LLC
Chambersburg PA
CBHW051757040426
42446CB00007B/416